Psychology

Psychology

不要再說都是他們的錯，
人生現在開始這樣過

以愛為名的
童年俘虜

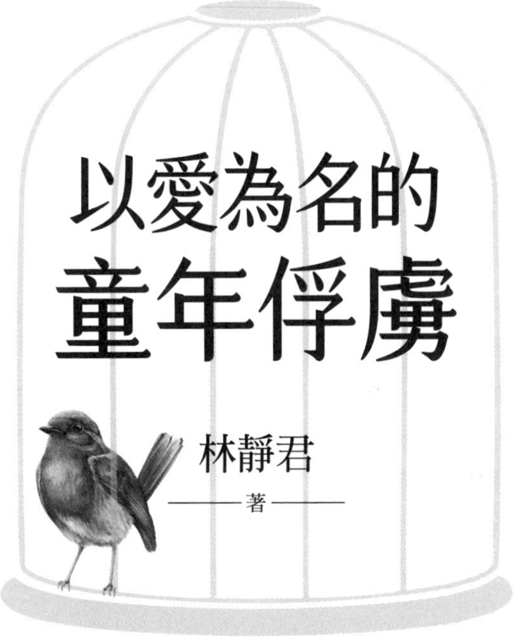

林靜君
——著——

目錄。Contents

PART 3 工作不是人生的全部？——職場關係

PART 4

我能不能成為更好的自己？

——自我關係

附錄：

推薦短語

童年經驗影響一生。《以愛為名的童年俘虜》是一本覺得自己人生卡卡的人必讀的書，它引導我們在面對家庭、兩性、職場、自我關係困境時，直面問題，追本溯源。同時，提供解決方法和工具，教我們如何從小地方練習，逐漸跳脫慣性反應，走出一條新的人生路。這本書也是為人父母應讀的書，只有知道自己的選擇和行爲會如何影響孩子的一輩子，才能時時自我警惕，為孩子營造一個安全的成長環境。

——**李應平（台灣好基金會執行長）**

翻開這本書，就像被邀請進入奧妙的生命花園！好奇的你注意到了各有姿態卻難以恣意生長的花木，或是無精打采，或是兀自淒涼。你聆聽它們傾訴心事，赫然發現你也有相似的困境，你的童年，你生命的根，也需要用適當的工具刨開僵硬的泥土，也需要細心梳理。藉著這本書，我們也可以當生命的園丁，讓人生開一朵充滿精神的花！

——**林其樂（編劇）**

人，一輩子最大的問題在於自己，每個人都想透過了解自己、超越自己，變成更棒的人。現在的自己是果，這本書便是幫我們溯因，讓我們的情緒及行為模式有解。靜君這本書收錄眾生童年創傷的縮影，每個人都能從故事中看到自己，終於理解自己的情緒及行為模式。最可貴的是書中提供解方與練習手冊，協助我們面對傷痕累累的自己和他人時，鬆綁彼此，成就更美好的人我關係。

——**施心媛（昶虹貿易執行長）**

我與靜君老師在讀書會上認識。她個性非常認真，對於人生課題總是充滿熱忱地探索與反思。《以愛為名的童年俘虜》是她多年來的諮商工作觀察結晶，以真實而細膩的筆觸，道出許多人內心深處的困境——那些在家庭、愛情、職場與自我認同中的故事，不只是書中主角的經歷，更映照出許多人的生命經驗。不僅剖析這些關係中的困頓，更溫柔地引導讀者去理解與療癒內心傷痕，學會放下過去、重建自我。這本書就像你我周遭發生的故事，讓我們照見人生，走向更自由與踏實的未來。誠摯推薦這本書給所有正在尋找自我、渴望改變與成長的您！

——陳世銘（臺北醫學大學臨床藥學科教授）

父母之愛、情人之愛、夫妻之愛、主管愛將、同事情誼等，人的一生中都有不同的情感連結，但是當有些不愉悅的事件深藏在內心的深處，被綁架的情緒就成了隱形炸彈。林靜君老師不僅從案例中解析困擾，還提供自我練習手冊，讓你也可以有工具客觀了解自己情緒的糾葛，進一步覺察情緒、想法和行為。這是本書可以協助你探索自我內在情緒，學習接納自我和他人。歡迎你開始體驗探索、成長和轉化之旅！

——陳若玲（社團法人臺灣女性生涯發展協會創辦人）

個案問：「我的感情路為何這麼苦？」我說：「幸福的腳本留不住妳：當 Mr. Right 出現，只覺惶恐不安，跑得比誰都快；當兩人問題越多，妳卻因為有努力的方向而死命留下。」本書揭示了愛與關係中的這道隱形枷鎖。作者以豐富實務經驗，透過一篇篇動人故事，帶領我們透視眼前問題，穿過人性深處暗影，恢復本真自我，真正走到療癒起點。

——陳俊欽（杏語心靈診所院長）

這是一本工具書，能陪伴人生任何階段。在分飾多角的人生中，我們偶爾會忘詞也會因拿錯了劇本而演了錯的戲，作者林靜君老師為書中每一段故事的情緒傷口，給予傷口護理指引，提供身處不同立場的錦囊妙計，如暖暖包溫暖的陪伴在寒冬。我特別推薦給從事社區服務的醫療人員。——**鄭志宇（光點藥局執行長）**

以愛為名，本應當是多麼美的四個字。但經典傳世的歌詞也說到：以愛為名，會帶來傷痛；因火焰也可能吞噬萬物……在靜君心理師的筆下，我看到了各種以愛為名、以愛為包裝，實則包覆著失落、罪惡感、無助迷茫、自我懷疑的關係。在關係中的人們，重複著心裡自己編寫的劇本，也重複著原本只存在於想像中，但最終躍然於生命篇章中的創傷。讓我們跟隨靜君心理師的筆觸，品味與療癒各種生命中的酸甜苦辣，也給愛一個新的定義吧！

——**藍挹丰（臺北市諮商心理師公會理事長）**

作者序。

苦味人生，就將回甘

當鍵盤開始敲下，逐漸體驗到：「文章，有自己的意志。」這本書的寫作過程是有機的，最終長出了自己的樣子。

一開始的想法是以三角關係為架構，探索人在關係夾層中的困境。寫著寫著，發現人生的問題，怎麼樣都有生命早期經驗的印記，處處皆能從原生家庭溯源，未被理解及處理的心理受傷，讓人成為「童年的俘虜」。

書裡的故事，多從子女視角看待父母。聚焦於母親其實是個無意識的過程，寫到後來驚覺於這樣的巧合。相較於父親，多數母親是更常停留在養育現場的人。承擔越多，摩擦越多，承受怨懟的機會也越高。

探索原生家庭的影響，不在究責父母的愛之傷，更不是要檢討、不是要批判對錯；整理生命經驗不是要揭舊瘡疤，將自己放到受害者位置，而是要懂得這一切「發生了什麼？」如果能夠懂得，當能清晰看見並做出真正的選擇，並為自己的選擇負責，將自己從受傷經驗釋放出來，不再被過程綁架。接著，所謂的放下、所謂的轉念，將自然發生。

我深信，當人們知道自己為什麼受苦，這道艱澀的人生苦味就有機會回甘。

就如咖啡生豆要經過洗、曬、焙等製程才能產生風味與香氣，人要改變自己不是單憑知識這麼簡單。有知識，還要有行動。所以書裡除了有針對不同情境、不同案例的練習指引之外，每個案例都附有「情感關鍵字」及「行動關鍵詞」，在AI時代提供更多延伸探索的指引。此外，書末還附有「自我練習手冊」可供隨時翻閱操作，希望能帶著翻開這本書的你，一步步變得更好、更幸福。

◦人生難題的大同小異

寫作過程中，最棘手的一部分是：我的職業是諮商心理師，必須避開已知案主發生的事情。

執業迄今，保守估計至今執行超過兩萬個小時的深度會談。我珍視案主交託的心事，那些祕密有朝一日將隨著我一起火化成煙塵，帶進墳墓裡。但是那些一起共同經歷過的情緒跌宕起伏，已經有一部分滲透到我的潛意識裡。

即便每個人的人生都是獨特的，卻也有著一些驚人的相似性。如果在閱讀時，發現自己的經驗與書裡的故事情節相當接近，請見諒這一切巧合的「純屬雷同」。

這本書的寫作過程持續長達五年，草稿陪著我走遍各地。在台北家的書桌、診所茶水間，再到日本東京、秋田、青森、角館、新幹線上，也在泰國曼谷按摩店、奧南海灘……都有我伏案的痕跡。來回寫稿、修稿的過程，體驗到這和心理工作的本質是接近的——自己只是傾聽與訴說故事的媒介，藉此映照出隱藏在各種困境下的真心。

感謝一路以來愛我、支持我的人，特別感謝先生吳家揚的縱容，謝謝編輯蔡緯蓉的包容。沒有你們，本書無法完成。

最後更要謝謝閱讀這本書的你，期待我們在生命交會時的激盪。

如果有透視鏡頭看到人的內在，
在母女相愛相殺，劍拔弩張的場面裡，
其實是兩個情緒受傷的小孩，
不知所措、憤怒不已地在對峙。

Part 1

陷入名為家的牢籠？

——家庭關係

為什麼總是越愛越疏離？

鈴蘭的故事

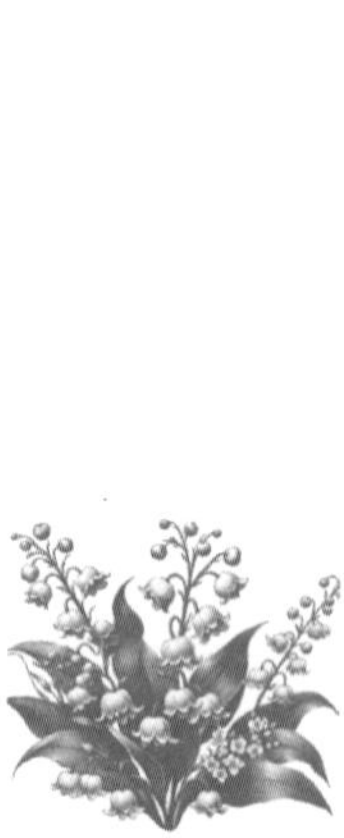

「我不去了！」鈴蘭簡單地發個訊息給男友，將手機丟向一旁的沙發。

「咚！咚！咚！」訊息通知響起，鈴蘭脫下原本要赴約穿上的碎花洋裝，訊息通知聲停止，換電話鈴聲響起。

「好煩！」鈴蘭用抱枕蓋住手機。她不敢想像男友會有多失望，但她就是不想接電話。一接電話，就要說明到底發生了什麼事。但是，連她自己都不明白到底怎麼了。

今天是男友的生日，之前說好一起慶祝。兩天前，男友說有位好友從國外回來，幾個大學死黨會一起過來熱鬧一下。男友的提議讓鈴蘭不太高興，平常各自都忙，好不容易有完整的時間約會，卻冒出一堆人攪和。

鈴蘭一點都不想出席慶生會。人多讓她煩躁，這群死黨每次湊在一起都喝得爛醉。最讓她擔心的是，在慶生會上，喜歡即興發揮的男友會不會假許願之名求婚？那場面會有多尷尬，光想像就讓她心跳加速。

男友之前開玩笑提過幾次結婚的話題，鈴蘭總是沉默不語，然後轉移話題。對於婚姻，她實在沒有憧憬，也沒有畫面。

有次男友直白地問：「妳到底愛不愛我？」鈴蘭腦中閃過的答案卻是一個問句：「什麼是愛？」她答不出來，卡在這個疑問裡，她感覺自己漸漸從困惑轉成惱怒。

鈴蘭在心裡大吼：「你怎麼可以這麼放肆？」、「果然還是不相信我，我再怎麼做都沒有用。」、「你根本沒有感受到我的用心，看來我們早晚會分手。」一連串心裡話如跑馬燈告示快速在腦中閃過。但鈴蘭沒有發出聲音，只是沉默。

「分手好了！」跑馬燈定格在這句話上，鈴蘭悶著沒有說出聲音。

。我這麼在乎你，怎麼你都不知道？

鈴蘭的男友是個陽光型的大男孩，喜歡打球、喜歡往戶外跑，簡直是人體行動電源。他的世界明亮通透、沒有陰影，所有困擾在他眼裡都不是問題。鈴蘭喜歡明亮的他，但有時燦爛得太刺眼。

男友喜歡鬧鈴蘭，說喜歡她冰山融化、陰霾消除後的笑容。但有時候男友會直接向她抗議：「寶貝！妳好冷漠。」他努力想讓鈴蘭融入自己的生活圈，但鈴蘭有時會參與，看起來也開心，有時卻又會因為他人的一句話而臉色一沉，好幾天不說話。

陽光男孩直率地說需要她的支持、關心。鈴蘭納悶，她明明很在乎男友，但聽到這樣的撒嬌卻升起一股無名的厭煩感。她無法打從心底相信感情可以長久、沒有辦法接受別人黏著自己。男友越是殷勤呵護，她越是覺得煩躁。

她心中有疑慮，覺得總有一天，男友會發現自己和他想像的不一樣，然後揚長而去，她注定會被拋棄。每每想到這裡她就好焦慮，覺得與其被傷害不如自己先離開。一旦冒出這樣的念頭，男友就變得怎麼看都不順眼。

當然，鈴蘭不會先開口說再見，她只是緊緊關閉心門，變成高塔上的公主，孤立起自己。王子苦苦等不到公主將長長的頭髮放下來，讓兩人得以相會，只能在心牆的高塔前徘徊、等待、承受折磨。

那些曾被鈴蘭吸引的男人，從熱情的迎接到冰凍的沉默，嘗試一次、兩次、三次……最後終於放棄。鈴蘭從這一次次的過程，證實自己想的果然沒錯——沒有人願意為我留下來。他們的離開，每次都讓鈴蘭痛徹心扉。

「妳真是可愛又可恨。」鈴蘭的朋友評論她在愛情裡的樣子。

「我可愛過嗎？」鈴蘭的心中充滿問號。

我這麼乖，媽媽可不可以看看我？

鈴蘭記得，國小時有一篇「追求幸福」的作文練習題，她一時興起想和媽媽討論「什麼是幸福？」媽媽卻沒頭沒尾地說：「幸福？不用討論什麼幸福不幸福的。不會有的。」媽媽的話讓鈴蘭很是驚訝。

「什麼樣的媽媽會不希望自己的孩子幸福？」長大後，鈴蘭和朋友討論過這個話題。

「白雪公主的後母，黑心皇后。」朋友這樣說。

「可惜，我百分之百確定是我媽生的。」

如果不是親生的，就解釋得了母女之間難以言說的疏離感。鈴蘭讀過小說家平路的書，裡頭寫到不管她怎麼做，都覺得和母親有著隔閡感，直到成年後才知道自己和媽媽沒有血緣關係。但是鈴蘭沒有特別的身世，可以讓她找到理解的角度。

她知道媽媽和外公、外婆的關係不好，媽媽也從沒主動談過自己的父母，一次都沒有。

鈴蘭的父母結婚不久，父親就到上海工作，沒多久鈴蘭就出生了。聚少離多的婚姻，讓兩人的關係陷入僵局。新手媽媽當時沒有旁人支持，產後陷入憂鬱、沮喪、孤單，沒有更多心力可以放在嬰兒身上，只能放任孩子哭到聲嘶力竭，哭到沒力氣就不會吵。

鈴蘭讀幼稚園的時候，爸爸曾回到台灣待了一段時間。爸爸會鬧著她玩，像帶著玩具一樣，走到哪裡都帶她一起出門。當爸爸要獨自搭計程車的時候，就是他要離開了。鈴蘭抽噎著，但因為媽媽在，她不敢放聲大哭，更害怕媽媽看自己的眼神。

鈴蘭問媽媽：「為什麼爸爸不帶我們一起去？」她只聽見媽媽短促的「喔」一聲。媽媽不多話，多半時候她不多說一個字。

幼稚園老師說：「小朋友不可以讓爸爸媽媽生氣哦！媽媽會難過，是因為小朋友不乖。」鈴蘭很乖、很乖，她期待自己的乖，可以讓媽媽開心。

鈴蘭用力地表現出乖巧，但媽媽既不誇獎，也不責罵，她的乖讓自己的存在感變得更稀薄。鈴蘭曾開心地拿著班上第一名的獎狀，期待媽媽像電視裡演的一樣，邊摸摸她的頭邊說：「我好高興！妳真是太棒了！」結果，媽媽接過獎狀卻看也不看就擱在餐桌上。第二天，它就變成放晚餐魚刺的廢紙。

。我只是不想吵架，你為什麼硬要我說話？

鈴蘭問媽媽的意見時，她會皺起眉，額頭擠出淺淺的「川」字。「隨便」、「都可以」、「我沒意見」，是鈴蘭多半會聽到的回答。最後，她學會非不得已最好不要煩媽媽。

「忍耐」與「獨立」成為鈴蘭的座右銘。大學時有次肚子痛，她忍著，結果延誤就醫演變成腹膜炎，室友送她去急診，因為需要緊急開刀便通知媽媽到醫院簽署同意書。媽媽見到病床上的女兒沒有多問，默默簽字。手術後第一晚，鈴蘭的同學自告奮勇說可以留下來陪她，媽媽點點頭說：「麻煩。」就自己離開了。

鈴蘭不確定媽媽說的「麻煩」，意思是「麻煩大家了」，還是「真麻煩」。

媽媽再次出現，是出院那天。鈴蘭試著向她撒嬌說：「我差點死掉。」

「自己要堅強，別人沒辦法幫忙。」媽媽語氣平淡回覆，跟往常說要搭幾路公車沒什麼不同。

「別人？」鈴蘭小小聲地複誦。媽媽算是「別人」嗎？

多年後的現在，鈴蘭仍舊沒有確定答案。當時感到的痛，是術後麻藥退掉的傷口疼痛，還是心痛？

媽媽宛如童話世界裡的雪國皇后，所到之處冰冷一片。鈴蘭覺得，自己內心應該也有一塊被凍住了。別人談感情多半越談越親密，她卻是越親密越想逃離。兩人靠太近會讓她緊張，她只好往後退，退到對方碰不到的位置。

鈴蘭的疏離總會引起對方的不滿。批評與指責讓鈴蘭挫折，吵架對她太耗能，她只是靜默地聽著，習慣不言不語。幾乎每一任男友都指控她只會冷戰。其實她一點都不想戰，只是不知道還可以怎麼辦。

我這麼沒用，憑什麼要求別人對自己好？

迴避衝突的個性也發生在工作場合，同事覺得鈴蘭看起來溫和，相處後覺得不好接近。同事們不知道，他們有時熱心湊過來問下午茶要點什麼飲料、有事情臨時要她幫一下忙，這些小事對鈴蘭都是莫大的干擾。她只想安安靜靜做自己手上的事情。

主管不合理的要求、同事的越界，儘管內心氣炸，她總是沒顯露太多反應就接受。直到累積的情緒到頂點，再也受不了，通常就是她離職的時候。這時旁人總是滿腹困惑：「不是做得好好的，為什麼要離職？」

鈴蘭見到主管能閃就閃。她喜歡按部就班把工作做好，依循著安排的計畫一一完成，這樣的步調讓她安心。她討厭主管沒有規畫，動輒要人擱置手邊的事情緊急救火。這些突如其來的要求讓她焦躁，但她盡量壓抑情緒，不讓自己表露出煩躁的表情。可是，這時她常被質疑為什麼面無表情，為什麼臭著臉抗議。

愛情、事業常遇到瓶頸，讓鈴蘭認為自己是個糟糕的人，什麼都處理不好。一次又一次的挫折，讓她這樣懷疑：「自己這麼沒用，又憑什麼要求別人對自己好？」

沙發上繼續傳來手機的通知鈴聲。「該接嗎？」鈴蘭繼續掙扎。

看看這道人生習題

過去礦場為了確保工人的安全，會在礦坑入口養金絲雀。這是因為金絲雀對空氣品質極為敏感，一旦偵測到異常氣體，就會顯得躁動不安。工人可藉由觀察金絲雀的反應，及時撤離礦坑，避免發生危險。

鈴蘭如同感情世界中的金絲雀，一旦覺得關係裡有微妙的變化，或是對方有絲毫猶豫或不確定的跡象，便會感到不安。當旁人尚未發現有任何異狀時，她已經開始考慮從關係中抽身，提早避開看不見的風險。

而那微妙的變化，往往由鈴蘭的內在世界啟動。

在兩人關係變得更緊密之際、當有人踏進自己的小宇宙時，不論是實體的房間，或是內心的一角，只要靠近了，她就開始感到不安。

。忽冷忽熱，連自己也搞不定

鈴蘭的內在與外在表現常是矛盾的，尤其在親密關係裡，外顯行為如「高冷之花」疏離且高姿態，彷彿不將對方當一回事。實際上卻不是這樣，她的內心其實極其容易懷疑自我價值，她害怕衝突，更恐懼高張力的情緒。

由於臉部表情會透露感情，她便不自覺地刻意維持面無表情。如此一來，對方就沒有任何能參考的資訊可以判讀。這無意識的自我保護，阻止了別人的進一步接觸。由於她實在太害怕衝突，以至於一旦可能出現衝突，她便不自覺地關閉感知——隔絕情緒，如被拔掉插頭的機器，不出現任何反應。

情緒隔絕的表現如同一把冰刃。融化後是灘水，沒有任何殺傷力；冰凍時卻堅硬無比，讓人渾身是傷。這是在親密關係衝突裡常看到的，一方自以為的「冷靜」，卻讓對方覺得是無情的「冷暴力」。

鈴蘭無法區分「冷靜」與「冷暴力」的差異，因此她並不覺得這樣的反應有何不妥。對她而言，只是想躲進自己的世界，不被外界打擾。然而，這樣的舉動在另一半眼中，卻像是一種徹底的忽視，如被隔絕在洞穴外。不僅會因無法掌握內部狀況而焦慮，還會因遭到拒絕而感到羞辱與挫折。這樣的心情如同災難發生後，家屬在一旁焦急地等待救援消息——想靠近卻無法，只是想關心卻一次次被拒之門外。

在親密關係發展初期，由於特質互補，鈴蘭的疏離帶來神祕朦朧美，容易吸引熱情積極主動的人。一開始，這樣的組合是接近完美的，雙方的差異帶來嶄新的感受與溫暖。但是過了浪漫期，本來互相吸引的特質，逆轉成難以忍受的歧異。

積極變成干擾，主動成了攻擊。老歌《愫》中唱的：「你給我的愛，彷彿總是太多，你給我的情，彷彿也是太過，因為過多的感情，是沉重的負荷，讓我不能拒絕，又難以接受，」儼然成了鈴蘭感情的主題曲。

無法打從心底相信對方的愛。對方越是強烈關心，越是懷疑：「我可以擁有這麼多嗎？」、「我不值得獲得這麼多，對方會不會看錯人、不了解真正的我？」、「萬一對方發現我真實的一面，就不會愛我了。」對方付出越多情感，她就越覺得負擔很重。於是一點小事情就容易讓他們惱怒，認為對方果然不是真正愛自己。

在另一半看來，這些忽冷忽熱，讓人想破頭仍搞不清楚自己做錯了什麼。這個反省往往徒勞無功，因為問題並不在自己。

◎保持距離，以策安全

鈴蘭這樣性格的人，在職場上不做過多的交際、不搞口蜜腹劍這一套、不花心思在工作上當雙面人，不會做出表面上與人交好，背後卻捅人一刀這樣的事情。

她習慣與主管保持一定的距離，不會主動靠得太近，不用主管盯自然會做好自己份內的工作，客氣禮貌的態度不會讓人討厭。但也極其討厭他人突然插手介入自己的工作，這讓她覺得被冒犯。

她不習慣為自己解釋，總覺得「懂的就懂」，多說無益，說了只像是在辯解而已。因此，除非對方主動提出要求，她也不會干涉別人的事情。她認為不該替別人做決定。對她來說，「不雞婆」是一種尊重。然而，只要有人主動開口請求幫忙，只要她認為該做的事，便會全心全力協助。

鈴蘭這樣的人看似孤立，實則有自己的一套運作方式。他們不會主動迎合，渴望在界限分明的空間守護內心的平靜。而這份渴望，要遇到能深入理解她的人，才能在適當的時機與方式，發現那座孤島上的溫暖與真誠。

如果你和鈴蘭一樣

參觀貴重物品時，周邊會樹立保持距離的警戒線，讓參觀的人清楚知道：不能逾越界線，越線會有罰則。

如果你是像鈴蘭這樣個性的人，你的意願就是珍貴的寶藏，要讓他人靠得多近、多遠是你的權利，但是清楚標示出界線則是你的義務。將權利與義務放在一起，你才能讓對方知道「保持距離，以策安全」。

所以當你需要躲在自己的小世界裡充電時，不妨在門口掛個「請勿打擾」的牌子。如此一來，小世界外的人才能知道你需要獨處、需要不被打擾。

或許是小時候發生的事情，讓你不相信別人會尊重自己的需要。但是，現在的你已經長大，情境也變得不一樣。如果你能鼓起勇氣，試著踏出信任的小腳丫，就會發現說出自己的需求，可以幫助你與他人的相處更為和諧融洽。

如果你是鈴蘭身邊的人

如果你是鈴蘭的伴侶：

你可能會困惑對方到底在不在乎自己？有心事的時候不會找你談、有困難的時候自己默默處理。有時只是想和他們開個玩笑、撒個嬌，卻遭來駁斥。你繼續逗弄，想緩和氣氛，最後卻往往不歡而散。

與這樣個性的人相處，要掌握一個原則：當對方說「不」，就真的是「不」。但是他們並非如外表展現般冷硬，他們只是需要多一點時間去消化、吸收突如其來的訊息。看來獨立自主的他們，需要大量的保證與肯定，確保你不會背叛或離開、擔保你不會置之不理。

但不用太密集地靠近，那會讓他們窒息。

如果你有像鈴蘭這樣的下屬：

安心地將事情交付給他們吧！但是要清楚說明原則及需求。他們不喜歡任意變動，預先告知才能讓他們做好心理準備、獲得掌握感。太頻繁地下指示，對他們反而是種干擾。完成後若能給予加倍的肯定，就能回收超乎預期的成績。

他們適合按部就班的項目，而且會做得很好。緊急救火型的項目並不適合他們，因為這會讓他們一邊救火，一邊還得處理自己的情緒。

如果你有像鈴蘭這樣的上司：

不要動不動就臨時發問，這樣踢到鐵板的機會很高。若能先約好時間，清楚預告想談的問題，就會得到比想像還要豐富的收穫。

⊙情感關鍵字：

憂鬱、疏離、悲觀、絕望、壓抑、麻木

⊙行動關鍵詞：

自我察覺、情達、培養信任、內心和解、自我悅納

為什麼我們明明相愛卻總是吵架？

百合的故事

「我要去妳那裡住幾天。妳弟弟要回台灣，這樣我去找他也方便些。」沒等百合回答，媽媽就把電話掛了。

百合拿著手機，忍不住向老公抱怨：「如果我現在生病就好了，可以名正言順地不讓媽媽過來。」聽完百合的話，老公卻回說：「不想讓妳媽來，就直接跟她講。妳不拒絕卻又愛抱怨。」

這下討拍還反被嗆，百合先是一愣，接著怒氣如海嘯般撲來，讓她對著老公吼：「你懂個屁！不懂就閉嘴！智障！」

這是百合第N次為了媽媽罵老公了。不管她怎麼解釋自己的媽媽是如何有毒、有害，先生總是習慣性地大手一揮：「妳媽媽就只是嘴賤，不要往心裡去就好。」百合也想不理會，但是問題哪有那麼簡單。想到老公這麼不在意自己的事情、一點都不理解她所受的委屈，百合越想越氣。

被狂飆一頓的老公，很快就沒事般在一旁滑手機，嘴角隱約往上揚。這讓百合看了更火大、對那抹微笑更不安。「他在和誰聊天？這麼開心？」雖然之前老公說過有個新專案在進行，但他會不會是放假消息騙她，掰一些理由來讓她放下戒心？

趁老公洗澡時，百合偷偷翻了他的手機，找到他和女生的密集對話。對話看似公務內容，卻夾雜幾句「等妳」、「別累壞了」的對話。百合覺得這些話裡藏著曖昧，兩人一定有鬼。不顧老公還在洗澡，就衝到浴室把手機貼到老公鼻尖問：「這是怎麼一回事？」

老公一開始還耐著性子解釋對話的來龍去脈，但經不住百合抓狂咒罵，回話聲音越來越大，罵百合是無理取鬧的「瘋婆子」。兩人吵到鄰居按門鈴來關切，結果換百合與鄰居對罵。

「動不動就大小聲只是累死自己，有話不能好好講嗎？」老公情緒平穩下來時，好言勸著百合。

「幹！還不是你惹的。」百合不想吵架，但她也放不下身段。

百合覺得委屈，她不想吵架，卻又控制不住自己的脾氣，特別是有事情讓她焦慮時更是如此。最近老公常加班，兩人性生活頻率降低，百合直接問：「我們最近都沒有愛愛，你是不行了嗎？」先生假裝沒聽到，不做任何進一步的表示。

難道被媽媽說中，不會有男人對自己感興趣嗎？上次媽媽住在這裡時，媽媽指著百合穿短褲露出的一截大腿，居然對她說：「再肥下去，妳老公看到妳包準倒陽。妳自己小心一點！」聽到媽媽這樣說的時候，百合氣到渾身發抖，這是身為媽媽該講的話嗎？

百合不想理會媽媽說的話，但如《小王子》（*Le Petit Prince*）裡的猴麵包樹，一不小心，沒拔除乾淨可是會摜破星球的。媽媽的話，就像是猴麵包樹的種籽，她得費盡心思、謹慎地不讓它們發芽。但總有一些頑強的種籽破土而出，在她的腦袋裡冒出枝枒。

從小媽媽就說她胖，以後一定沒人要。青春期的女生兩頰嬰兒肥，媽媽要她別胖得跟豬一樣。「下等人」、「無法節制自己的人，才會讓自己胖成那副德性」。媽媽的話，讓百合覺得自己是全天下最糟糕的人，又胖、又醜、又沒有自律能力。

。我努力討你歡心，為什麼還是被挑剔？

當年老公向百合表示好感時，她不敢相信這男人是認真的。百合內心深深懷疑：「我這樣的女人會有人要？」她知道自己脾氣不好，特別容易發怒，認為自己人胖又不漂亮。

想起第一次和老公見面時，他用很浮誇的語調說：「真的假的！妳叫百合？百合有這麼大朵的喔！」這麼公然的歧視和侮辱，讓百合想把手上的針筆往他的嘴巴射過去。但看在他是協力廠商的份上，百合只惡狠狠地瞪他，回了一句：「白目、智障。」

原來，老公過去一直以為她作品簽名上的「百合」是筆名，所以拿來和外型的反差開玩笑。知道是真名時，他向百合道歉，說自己玩笑開過火。

那是百合第一次聽到有人正式向她說對不起。

兩人後來進一步交往。和老公在一起時，他的風趣與「凡事都是小事」的無所謂態度，帶給百合的人生前所未有的輕鬆。她有時不敢相信這些是真實的。

媽媽有「借」一些錢給百合湊房屋頭期款，這讓媽媽理所當然地進出百合家。一開始能討媽媽的歡心，百合覺得開心。但是過沒多久，媽媽開始尖酸刻薄地批評屋子小得像老鼠窩，窗簾比蓋死人的布還難看……

有一回，百合氣到將媽媽的衣服丟到樓梯間，大吼：「死老太婆，馬上給我滾。」媽媽被這樣一激，衝到廚房拿菜刀，指著她說：「信不信，我現在就殺了妳這種不知感恩的白眼狼。」一陣互相咆哮、怒吼之後，媽媽拿著菜刀走進廚房剁肉，乒乒乓乓，弄了一鍋百合最愛的紅燒獅子頭。百合呢，則是滿臉淚痕走到樓梯間去撿散落四處的衣服。

「好累！為什麼一定要這樣。」

百合領第一份薪水時，媽媽說賺錢的人不要悶不吭聲，於是她決定請全家去餐廳吃飯。約假日媽媽嫌人多，約平日又質疑隔天不用上班嗎？好不容易喬好時間，聚餐當日一進餐廳，媽媽就開始批評服務生長得矮、沒水準，怪百合也不做點功課，來到一間端不上檯面的餐廳。

媽媽說前菜沙拉不新鮮、麵包太油、湯品太稀，沒有一道讓她滿意。翻攪著濃湯又碎念說著：「花這些錢，還不如去夜市。」說自己無福消受好一點的款待。百合鐵著臉聽媽媽叨叨絮絮，終於在主菜上桌前忍不住站起身說：「如果妳吃得那麼痛苦就不要吃。」

百合壓抑不住情緒衝出餐廳，邊走邊哭心想自己招誰惹誰。她做的事情沒有一樣合媽媽的意，凡事都要依照她的想法，只要稍微不一樣就是忤逆，就是冒犯。

現在，百合仍不知道該怎麼和媽媽好好相處。向老公抱怨時，他只說：「妳媽對妳又不壞，我們買房子她也幫忙出錢。她要念就讓她念，又不會少塊肉。」老公的態度讓她氣餒，被批評的人不是他，自然說得輕鬆。

每次媽媽拜訪前後，總在他們夫妻間掀起大風暴。老公說百合變態，一直挑釁自己的媽媽；百合則是對總為媽媽說好話的老公非常感冒。媽媽提到「倒陽」之後，的確讓百合開始擔心自己是不是讓老公覺得倒胃口？

我努力不犯錯，為什麼還是被責罵？

百合無法理解媽媽的世界。她想像媽媽眼中的世界萬物長滿了刺，所以她才用鋒利的尖刀到處挑刺。畫插畫的百合曾經把這一段想像畫成圖案，戰士口吐的字句「妳太蠢」、「妳太肥」……句句化成帶著利刃的光芒。編輯很喜歡這作品，鼓勵她將單幅作品畫成刺蝟戰士系列故事。沒人知道，戰士原型其實就是百合的媽媽。

在媽媽的世界裡，百合要把自己畫成什麼角色呢？一出場就被砍掉的仙人掌嗎？還是怎麼砍都殺不死的妖怪樹？砍了再重生，重生再被砍？隨著幻想發散，她覺得自己根本就是果汁機裡，被打成一團的果泥。

「要不是可以躲到畫畫裡，我會忍不住拿刀砍回去吧？」百合閃過這樣的念頭好幾回，隨即又深深地感到罪惡。

百合曾問過媽媽：「妳就不能對我說一句好話嗎？」媽媽當時一愣，喃喃說著：「也沒人跟我說過什麼好話。」

百合問過爸爸為何她叫這個名字。爸爸說是算命取的，但又補充說在日本美女都叫這個名字，比如吉永小百合。

爸爸晚一點回家被媽媽罵：「賺那麼一點錢，還能搞到那麼晚，到底是有多廢物。」早一點回家，媽媽酸他說：「你都沒朋友嗎？不會交際、不會應酬，難怪做得那麼窩囊。」媽媽罵得難聽，好脾氣的爸爸也不生氣，只會說：「好啦！好啦！」轉身去做自己的事情。

媽媽罵爸爸時，如果百合剛好在旁邊，媽媽會再補一句：「你們父女倆都一個死樣子。」接著將砲火轉向百合繼續攻擊。

有次弟弟生日，買了一個奶油巧克力夾心蛋糕慶生。百合怕胖，將奶油花刮下來放在紙盤上。吃完蛋糕後，堆著奶油的小盤子放在茶几上，媽媽走過來就往她身上砸，罵她討債鬼、糟蹋食物、糟蹋心意。但是奶油熱量高，刮奶油的方法就是從媽媽那裡學來的。

媽媽的標準她永遠抓不到。百合猜想，媽媽唯一的準則就是——妳永遠做不好。

我什麼都做不好，是不是不值得被愛？

「永遠做不好。」百合多麼擔心媽媽說的是真的。

不！她相信媽媽說的是事實，自己什麼事情都做不好。什麼事都做不好，那就不要做了，所以百合曾經擺爛過好長一段時間。

整個中學她都在學校發呆，老師說什麼根本聽不進去。可是她三年全勤，每堂課都靈魂出竅般地坐在椅子恍神。可是在學校，沒有人會一直要她做這個、做那個；成績不好，老師也放棄她，互不搭理，她樂得清淨；青春期的孩子永遠吃不飽，但有些女生愛漂亮刻意節食，百合豁出去拚命吃。

「妳罵我是豬，我就當豬給妳看。」

是美術老師救了百合。她說百合的構圖有自己的創意，下筆很大膽，是天才。百合第一次知道什麼是讚美。她找到自己的著力點，終於有一件事情是她可以做的。

百合的世界被鑿出一道光。她開始瘋狂地畫，媽媽說她是鬼畫符，她無所謂；媽媽要她讀書、專心在功課上，甚至丟掉她的畫板，但百合撿回來繼續畫。百合要撕掉「妳爛透了」、「妳這個垃圾」、「妳是豬」、「妳沒啥路用」、「妳沒出息」……這些貼在她身上的標籤。

她要向世界戰鬥，證明給大家看。

雖然百合陸續得到許多獎，她卻從不滿意自己的作品，畫一張圖要改幾百次。心底總有個聲音對她說：「別人其實不會滿意。」

別人的讚美，會讓她懷疑是別有含意的揶揄，寧可不信。既然別人不會喜歡，百合便以高高在上的態度，防衛他人的批評。她在業界是出了名的難搞，但先生知道她過度拚命，累到自律神經失調、胃潰瘍。

「為什麼我這麼拚命了，日子還是這麼難？」

老客戶拉她去參加成長團體，百合如旁觀者，看著一群人談自己的童年泣不成聲，她有些不屑這些人哭什麼，卻也隱約感覺到心裡面有什麼被碰觸到，酸酸的、澀澀的。這次體驗讓她開始閱讀起心理書籍。

一日，百合拿起畫筆構思新的作品。畫筆有自己的意志，她畫出一名拿劍指向對方的人，這時對手也只好把劍舉起。

剎那間，她懂了些什麼。

百合將對峙的刀鋒改掉，改成含苞的鐵炮百合。

看著成品，百合開始落淚，從啜泣到大哭，最後無聲地說：「對不起，對不起。」

一個給媽媽，一個給自己。

看看這道人生習題

與家人之間明明在乎彼此，卻總在唇槍舌劍中相愛相殺，到底為什麼？

「我聽到他們開口就很火大，偏偏大吵之後又自責得要命。」

「每次回家都很不好受，但我有時還是會想家。」

「我沒有辦法好好聽爸媽說一句話。」

這些話聽起來好耳熟，每個人身邊大概都有幾位遇到這種困擾的朋友，或者自己就是當事人。

愛，卻不知道如何適切地表達愛意，憑著原始本能衝動靠近，激起對方的反應。只要兩人碰在一起，就會變成帶刺的刺蝟，扎得對方鮮血淋漓。百合與母親就是這樣陷入互動的惡性循環。

如果有透視鏡頭看到人內在，在母女相愛相殺，劍拔弩張的場面裡，其實是兩個情緒受傷的小孩，不知所措、憤怒不已地在對峙。

。負傷的親代，情緒慢性發炎

情感傷害如果沒有療癒，會在心裡變成隱形的傷口。肉體的外傷沒有處理的話，會發炎惡化產生致命的感染症；而心裡面的情緒傷口，時間一長則會變成如情緒慢性發炎，成為「情緒負傷者」，輕者影響人際關係，重者毀掉生活。

情緒負傷的人敏感而強悍，看出去的世界充滿威脅與危險，他們不自覺地在關係裡爭取主導權。他們想知道對方是否在乎自己、要確認自己的存在、無意識地反覆確認自己的重要性，一絲絲的怠慢都會讓他們惱火。

平時擱著傷口沒事，一旦被碰到，本能的痛感會讓他們產生防衛反應，出現挑剔的語言、張牙舞爪的行為。這就如同受傷的動物會以嘶吼、低鳴威嚇對方，拒絕讓其他動物靠近，直到確定來者沒有威脅性。

對他們而言，攻擊就是最好的防衛，因此習慣了批評、挑剔、指責，就像品管人員般檢視商品，挑出不符標準的地方。至於標準在哪裡？只有他們自己知道。

因為只會以這樣的批評方式與他人對應，當自己成為父母之後，也不自覺地用這樣的方式對待子女。

○被挑剔的子代，代間傳遞

一直被批評挑剔的人，會有什麼感受？拳頭打在身上會疼，被挑毛病心裡也會難過。

未成年子女對於父母的批評根本沒有對等的反擊能力，能做的只有忍耐，不忍就失去生存的機會。隨著孩子成長，漸漸有了防衛的力量。面對攻擊時，人的本能反應是「逃避」或「反擊」。

朝著「逃避」路線走的子女，與家人的關係越來越疏離，情感越來越淡漠；採取「反擊」的孩子，不再屈服於權威，開始為自己發聲。

看著子女「逃避」的父母，覺得自己沒被尊重、沒被當一回事，也不知道該怎麼處理而產生挫折感：面對子女「攻擊」的父母，覺得孩子造反，不禮貌、不尊敬，導致父母採取更強烈的反應想要「管教」孩子。

不管是「逃避」或「反擊」，如果沒有人改變，親子互動就陷入無限惡性循環。人被逼著顯露出尖銳無情、尖酸刻薄的態度，而這情緒在一代一代之間傳遞，養出一隻隻「噴火龍」。

。受傷的孩子，只能武裝自己長大

武裝自己的孩子長大後，雖然看起來很強悍，其實非常缺乏自信。生氣不僅是他們保護自己的防護罩，也是爭取他人注意的武器。在與他人互動時，他們常虛張聲勢，張牙舞爪，對越親近的人越顯得蠻橫無理。

這樣的情緒在人際關係中具有相當的殺傷力，代價不容忽視。然而，靠近這樣的「噴火龍」難免會受傷，如果能看懂他們背後難以表達的脆弱之心，就會明白他們其實不想傷害別人。他們這樣做，只是為了保護自己。

百合幸運地比媽媽多了一些資源，當她的內心被敲開一道縫時，慢慢接觸到內在的真實感受。她發現當自己舉起刀劍時，世界也舉起刀劍；當她高舉的是花，對方就沒有防衛的必要。

她開始走和解的路，鬆綁僵化的應對方式，扭轉痛苦的代間傳遞。

如果你和百合一樣

長期透過強烈的情緒來表達自己，一定讓你很辛苦！與自己和解是關係改變的最佳解法，雖然是一趟漫長的旅程，但很值得投入。

自我覺察是改變最關鍵的一步。不妨注意自己的慣性反應，透過書末的「自我練習手冊Ⅰ：自我覺察練習」（二九四頁）來進一步理解背後的原因。

日常生活中遇到刺激就發脾氣，可以透過下面兩個刻意練習來改變大腦慣性迴路，阻斷反射動作，降低衝突發生：

一、**行為反應調整**：當對方講出讓你不開心的話，不要急著辯解。在心中默數一、二、三，然後再三、二、一倒數回來。數數字需要理性思維，可以幫助啟動調節情緒的大腦額葉運作，而不是被杏仁核的戰鬥反應綁架。

二、**找出自己的情緒地雷**：觀察自己的情緒地雷區在哪裡。是剛睡醒的時候特別容易暴躁，還是肚子餓、血糖低的時候尤其容易生氣，或是特別不愛別人問自己哪些事？記錄下自己的行為反應找到地雷區，有人靠近時才好因應。

更多更詳細的方法，詳見書末的「自我練習手冊Ⅰ：自我覺察練習」。

如果你是百合身邊的人

有時候他們易怒的表現，會讓人覺得不親切、沒禮貌、不友善，讓人不知道該如何回應，所以下意識地想要避而遠之。看起來兇悍的他們，其實脾氣過了就好了。只要掌握到技巧，反而會覺得他們直率好相處。

如果你是百合的伴侶：

因為他們對感情忠誠且願意付出，卻在情緒來的時候變得像個孩子。他們沒有辦法快速調整自己的情緒，所以需要你的幫忙。你是對方重要的「情緒調節器」。

不妨想像他們是累壞了在鬧彆扭的小孩。面對發脾氣的孩子，哄一哄是有效的。如果沒有哄生氣小孩的經驗，就用疼愛家中寵物的精神來應對就是了。他們的情緒燃點低，容易在溝通中擦出火花。相處的祕訣是——避免正面對決。

如果你有像百合這樣的主管：

關鍵在於讓他們感覺自己擁有掌控權，並且參與決策過程。像是，在進行提案時巧妙地將提案分成兩個選項，讓主管做出選擇。經驗豐富的主管往往會將這兩個提案合併為一，這時你可以適時地補充自己的意見，達到更好的討論效果。

如果你有百合這樣的工作夥伴：

討論事情時要留意不要使用直接命令的口氣。因為這會讓他們覺得被壓迫。給予空間讓他們先表達想法，這樣比較能夠聽進你的觀點。

當他們情緒暴躁時，不要跟著情緒共振、不要對他們的行為立即做出回應，理解他們的情緒通常不是針對你個人，而是他們自己無力調節。暫緩回應，等他們冷靜下來，這時才好處理事情。

⊙**情感關鍵字：**

焦慮、厭惡、生氣、情緒負傷、焦躁、羞恥感

⊙**行動關鍵詞：**

找出情緒地雷、調整情緒共振、扭轉代間傳遞

為什麼我的人生，活得不像自己？

杜英的故事

「我這輩子注定孤老終身！」杜英把手上的伏特加一飲而盡。既是自言自語，其實也是在與吧檯內的酒保交談。

「你聽不懂沒關係，我跟你說，反正我說什麼一點也不重要。我說的都是屁話，是屁話，沒有人會認真當一回事。你也不會當一回事。沒關係，沒關係，愛聽不聽隨便你。」從酒保表情看來，杜英知道他不懂中文，專注的目光只是出於禮貌，但他兀自講著。

「你知道嗎？她說：『跟你媽說，她贏了，但如果她再打電話來，我會告她騷擾。』很帥吧！可是有什麼用，還是不是掰了，就這樣說掰掰……」酒保拿起乾布擦乾玻璃杯，轉動的角度折射出燈光，杜英眼睛反射地微瞇一下。

這是杜英與第十九位女友的第七次分手。杜英知道這一次怎麼挽回都沒有用，而且他也累了。他窩在峇里島一家小酒店。他討厭每一次的天亮，夜裡酒吧的昏暗光線讓他不用穿隱形斗篷，不會有人多看他一眼。

從小杜英就知道自己是家裡特別的存在。他是媽媽四十六歲時，臥床安胎生下來的龍寶寶。眼看家族男丁就要斷香火，眾人幾乎要放棄期待之際，杜英意外到來，他的出生被當成家族的祥瑞吉兆。

意外受孕成功時，醫師擔心對母體的傷害，不建議冒這個風險。但整個家族毫無懸念，要把孩子留下來。孕婦本人無視各種醫學警示，掛在口中的話是：「只有要不要，沒有做不到。」她足足在床上躺了八個月，就怕動胎氣。

杜英的到來，讓家族狂喜不已。眾人驚喜地圍繞著他，當他是宇宙重心。尤其杜英奶奶簡直瘋狂，對這金孫愛到骨子裡。夜裡他和杜英同床共眠，白天則請一位褓姆專門隨行抱著嬰兒。杜英兩歲時還不會自己用手捧奶瓶，四歲前更沒有出過家門，因為奶奶說外面病菌多。

冒著生命危險產下兒子，媽媽自己能抱到兒子的次數卻有限。

奶奶高齡過世前，名下財產早已多數登記給杜英和爸爸。沒有生兒子的伯父和叔叔自是憤恨不已。

。我被你牽著的手好疼

奶奶離開後，媽媽好似要彌補兒子被霸占的缺憾，再也不願意放開杜英的手，目光緊緊盯住他。

她是一個太好的媽媽，只要是杜英想要的，就算是天上的星星也會找梯子摘下來給他。為了杜英，媽媽會不計代價，排除眼前的所有障礙。

小學時，杜英和隔壁桌的男生處得不太好。媽媽知道後沒幾天，那個男同學就轉班；中學時，媽媽得知杜英和班上一位女生處得不錯，就不經意地問起女生的種種細節。杜英說她很厲害，功課是全校前幾名，運動也很強，甚至連畫畫也很厲害，還養一隻可愛的混種狗。還沒等杜英說完，媽媽就耳提面命地說：「你要小心這種女生。做事無法專一，什麼都想參一腳，野心勃勃的。」杜英聽完很困惑：「她盡力做好每件事情難道有錯嗎？」

下學期那位女生也不見了，杜英試著和對方聯絡無果。後來，輾轉聽到那女生說杜英是假面惡魔。杜英猜測，女生的轉學一定和媽媽有關，儘管他沒有任何證據。

只要不牴觸媽媽的價值觀，她便毫不吝嗇地給予杜英一切；如果和媽媽的觀點不同，她則發揮影響力改變一切。媽媽幾乎不對杜英大聲說話，杜英的世界卻好像有個肉眼看不到的隱形籬笆，只要碰到界線就會有人受到教訓。

杜英有四個姊姊，杜英喜歡四姊，因為她是家裡唯一不會刻意討好他的人。在家裡，杜英說什麼都會有人連連讚美。他亂塗鴉就聽到說「有畢卡索的潛力」，他在鋼琴上亂敲就有人稱讚音樂神童。只有四姊直接說：「鬼畫符，醜死了！」、「不要彈，難聽死了！」

有一回，杜英想要四姊的熊熊偶，拿不到的杜英嚎啕大哭、跺腳耍賴，引起家中一陣騷動。媽媽喝斥要相讓，四姊把熊熊偶緊緊抱在胸口，怎麼也不肯拿出來。媽媽硬要掰開她的手、扯她頭髮、擰她肩膀，她都不為所動。

看到小姊姊直挺挺地站著被揍，杜英哭得更慘，更認為她是英雄。在大人環繞寵溺下成長的他，不知道如何與他人相處，四姊掀開真實世界的一角，知道地球不是繞著他轉動。

杜英光是存在就足以讓家人開心，看到家裡一堆人繞著兒子轉，父親只悠悠地對太太說：「你們會把他寵壞。」杜英看不懂父親瞧他時的眼神。他狐疑父親是不是嫉妒他？還是瞧不起他？

四姊後來出國念書，杜英好生氣她置自己於不顧，讓他如世界僅存一隻的雄性北非白犀牛般孤單。

◦我也想自由，卻毫無選擇權

交女朋友之後，杜英覺得媽媽有如訓練有素的品管人員，總是可以看到杜英的女朋友有哪些缺點。她不會直接反對他們交往，卻總能恰當地抓住時間「點明」杜英女友的問題。那些話輕輕地，輕到杜英沒有發覺那是在批評，但如空氣中飄浮的汙染物，降落到他的關係溫床裡，慢慢發酵敗壞。

交往到第十九位對象，杜英下定決心和她在一起，藉出國工作名義，高飛到媽媽管不到的地方。他沒讓媽媽知道女友和自己同行，如古代私奔的情侶，分頭搭飛機。落腳還不到一周，媽媽就生病發燒，來回進了幾次急診都找不到確切的原因。杜英被叫回家，媽媽笑盈盈地說：「看到兒子，精氣神都回來了。」

杜英出門，媽媽生病；杜英返家，媽媽康復。如此循環，讓杜英把飛機當高鐵般疲於奔命。杜英橫下心來不想再飛，隔著視訊看見媽媽兩頰凹陷、氣如游絲，一日比一日消瘦。那病看來不是裝的。

再次要訂機票時，女友要他做選擇：「你如果再飛，我馬上搬走。」但是姑姑阿姨舅媽嬸婆大姊……都說媽媽想見他，要他快回家，媽媽快不行了。家人與女友雙邊情緒勒索，左拉右扯讓杜英好為難。

他受不了媽媽在鏡頭前說：「弟弟啊！媽媽好怕見不到你。」杜英飛回一趟，媽媽見到兒子，樂得將一尾煎馬頭魚、一碗鱸魚湯吃光光。

「心病還是要心藥醫。」病床旁的阿姨沒有醫療知識，都看得出媽媽的問題，杜英只能苦笑。

杜英回去時，女友已經將東西搬得乾乾淨淨，彷彿不曾存在過。杜英坐在客廳裡如被踩到的貴賓狗嗚嗚咽咽，含糊不清地嘟囔：「不然你們要我怎麼樣？」杜英想起當年搶不到熊熊偶時眼淚與鼻涕齊下，好像撒野似地哭得聲嘶力竭，但他連要哭什麼都不知道。躺在地板上，他羨慕起四姊，羨慕她帶著怨氣恨意走得乾脆。

我是不是真的被寵成了混蛋？

四姊出國之後幾乎沒有再回家過，媽媽罵她絕情狠心，四姊向杜英說：「我的電話號碼都沒變，家裡的人要找我不會找不到，但沒有人想找我。你知道我為什麼叫『杜瑜』嗎？因為『餘』，我是多出來的。」太惡毒了，直接把名字當標籤，告訴世界她是多出來沒人要的，杜英想哭。

杜英過去以為四姊本來是備受寵愛的小公主，卻因為他的出生吸走所有人的焦點。本該屬於她的都被杜英搶走了，所以她討厭他是合理的。可是四姊卻說出了另一種版本的故事：「我很氣自己是多餘的，然後你什麼都有卻還要來搶，超討厭。明明你做的事情很白癡、很噁爛，大家卻當你是寶。我曾經想把你掐死，可惜沒機會。」

「嗯，我真的很白目。」杜英下結論，姊弟倆互看對方一眼，笑了。

之後，四姊和他不常聯絡，杜英無力當姊姊與媽媽之間的橋梁，因為他連自己都顧不了。

杜英在國外的工作沒有持續太久，因為多半也做不久。表面上是媽媽干擾他的職涯發展，實際上是杜英什麼都做不好，返家是個藉口。

在家裡，什麼都有人打點妥當，就學時，他只要聽話把進度完成就好；進入職場，有太多需要自己決定的事，杜英卻無法判斷。他的為愛走天涯，帶女朋友逃離家庭管控只是表面理由。還有一部分實情是，他在公司裡的績效太爛，公司要裁掉他，出國是給自己一個台階，逃避工作上的不順。

再回到台灣之後，職場、情場均無疾而終，媽媽幫他安插一個職位，一人之下眾人之上，是代表老闆的特別助理。但其實有名無實，沒什麼事好做。

媽媽說有個職位比較好找對象，確實媽媽的社團朋友也陸續介紹一些女孩給杜英。杜英一概來者不拒，還有一套作業流程：吃飯、約會、睡覺。漸漸地，他成為別人口中的渣男，杜英無法辯駁。

喝了幾百杯咖啡之後，杜英發現不管對象條件如何，只要他開始和對方認真交往，媽媽總能挑出對方的一堆毛病，彷彿杜英眼光品味糟糕至極。媽媽口中說急著抱孫子，她的行為卻做著完全相反的事。

漸漸地，杜英似乎懂了。他只能是媽媽的兒子，這是他的職業。

看看這道人生習題

生活在父母陰影下的子女，如大樹下的幼苗，要更費力才能長出自己的樣子。有時候，這種掙扎會讓人一生都在迷茫中度過，直到生命的終點都無解。

嬰兒出生之後，醫生做的第一件事情是剪斷臍帶，結束母嬰相連的狀態。然而有些人生理上分開，精神上卻緊緊相連無法切割。

有些父母「將孩子當成命根子」，這不僅是描述對子女的重視程度，也如字面一樣，把孩子當成自己的命，當成自己生存的唯一目標、生命的唯一意義。身體上的臍帶剪斷了，取而代之的是牢牢的情感羈絆。

「有人比我更在乎你嗎？」、「我會害你嗎？」、「我還不是為了你好，這樣做有錯嗎？」

儘管那些無微不至的照顧讓人感到窒息，但都是以愛之名出發。孩子如果要拒絕，會讓他們懷著極大的罪疚感。

尤其當父母以身體症狀來表現，逼著子女順從己意，為人子女的鮮少能夠抵抗這種無聲的脅迫。誰敢害死自己的父母？事實上，光是想到自己懷疑「父母的生病是為了讓自己聽話」，單單這樣的想法都會讓身為子女的人自責，因為自己把父母想得這麼壞而羞愧。

。沒有機會體驗人生的孩子

沒有人質疑這些「視子如命」的父母不愛孩子。相反地，問題就在太愛了，愛到過量。

種過植物的人就知道，一旦施予過多肥料，植物會因為「肥傷」而死掉。愛和肥料一樣，都需要適當。

愛過剩的父母以為自己是為孩子好，然而實際的行為卻剝奪了孩子的學習與成長，造成長期的影響。

被父母掏空體驗人生機會的孩子，將面臨下列風險：

#缺乏成就感

#內在空洞

嬰兒從出生即展開學習之旅，練習與世界互動。例如站立的過程就是跌倒了再站起來，例如學走的過程就是跨出腳步，摔倒了再來一次。克服挫折，達成目標，透過反覆的過程學習技能，從完成之中得到成就感。

愛太多的父母，為孩子做得太多。孩子雖然避開了挫折，卻沒有機會練習。只有結果，沒有歷程，就如同看電影時直接快轉到結局。看是看了，但是沒有內容歷程，沒有曲折變化。沒有參與，自然無法有成就感。

沒有實質的內涵累積，只剩徒具空洞的殼。

#無法自己做決定

#缺乏自信感

#容易逃避與放棄

父母以自己的經驗，認為替孩子做的選擇當然就是最好的選擇。

遵循父母設定好的選擇前進，表面上的確是孩子最輕鬆且最安全的做法。只需聽命行事便能獲得讚美與肯定，卻漸漸地不再思考、不再選擇、不再做決定，認為只要按照標準答案去做就是對的，最後反而變成無法為自己做決定。

以成績為重的學生時期，這樣的問題可能尚不明顯。但進入社會後，事情往往沒有固定的準則。這些習慣等待他人指示、遇到問題依賴他人解決的孩子，職場生涯可能會「虎頭蛇尾」——憑藉不錯的學歷得到機會，卻因無法勝任而感到挫敗。

而且，由於在成長過程中缺乏從失敗中站起來的經驗，孩子潛意識中產生自我懷疑，覺得自己有瑕疵，能力不足。情緒韌性較弱，難以承受挫折。因此，特別容易逃避與放棄。

#缺乏團隊精神

一直被當心肝寶貝呵護，在言過其實的讚美聲中長大，長期下來會導致他們的自尊心特別高。高自尊而低自信，難以接受風險發生，不容易與人合作，更缺乏團隊精神，久了也會影響人際關係，阻礙事業發展。

#無止盡的假性叛逆

父母滿足自己「當好父母」的需要，犧牲讓孩子磨練的機會。孩子一方面得到大量資源，一方面卻又無法真正覺得自己被重視。這種矛盾的感受讓子女對父母的心情是愛恨交織。想脫離控制，又無法割捨被餵養的資源。

矛盾的拉扯讓一些子女出現無止盡的「假性叛逆」，表現上對父母態度差、怪罪父母破壞他們的人生，骨子裡卻相信父母一定會給予，只要耍賴就能獲得支持，最後變成無法為自己負責的「大小孩」。

#親密關係受阻

長期在被保護的位置，缺乏為他人著想的同理心，習慣以自己的需要為主，忽略他人的感受。因為無法感同身受，難以在關係裡建立深刻的連結，感情不容易穩定，不論人際關係或親密關係都特別辛苦。

杜英的媽媽給予兒子充沛到氾濫的愛，卻也自私到只顧慮自己，沒有考慮到兒子的發展，讓杜英陷入缺乏成就感、無自信的困擾裡。

每一個進入杜英生命的女人都是來搶兒子的威脅。社會禮教讓媽媽無法這樣說，身體卻無意識地成為工具，逼兒子就範。如果要媽媽身體真正健康起來，杜英必須做的事情就是取回自己的人生主導權。

杜英要有強烈的決心，剪掉控制的精神臍帶，才能去除掉母親的病態依附，不再以生病為手段。

如此一來母親才能獲得真正的健康，杜英也才能完整自己的人生。

如果你和杜英一樣

想想自己有沒有這樣的狀況——雖然成年了還是當乖寶寶，對父母的不滿偶爾抗議但多半快速妥協；不敢冒險當一個讓父母失望、讓父母傷心的人；對父母不滿的表達，多半只是一時情緒發洩，宣洩過後又會回到乖乖聽話模式；想要有自己的主張、自己的選擇，卻也想要有倍受呵護的輕鬆、接受安排的安逸。

若遇到這些情況，有效的方法是學會真正的獨立，並與父母保持適當的安全距離。

想要擁有權利卻不願承擔責任，這是行不通的。長期在兩極之間拉扯，只會浪費大量精力，帶來無盡的痛苦。若不願再過著被安排的人生，就必須靠自己努力爭取。態度可以溫和，但意志絕對要堅定。

了解父母不一定能夠完全理解你，放下討好心態，逐步邁向真正屬於自己的生活，請你試著這樣做：

一、首先要清楚告訴父母哪些事由自己決定，例如生活或職涯規畫、交往對象等。讓他們知道你有自己的想法與主張。你願意嘗試，即使是失敗也會當成是經驗。不必為你過度擔心。

二、經濟獨立，擺脫對家庭財務或資源的依賴，相信可以憑自己的力量養活自己。父母的資源是父母的，放掉仰賴的期待，會讓你更有信心。

三、建立屬於自己的生活圈，將重心放在個人生活。透過拓展社交圈、培養興趣、這樣的轉變能培養獨立的思考與決策的能力

如果你是杜英身邊的人

如果你是杜英的父母：

知道孩子這麼痛苦地生活著，一定讓你是既不解又不捨。

這一切都是因為你想給他們最好的，用全然的善意結果鋪成一條讓孩子不受苦的大道。然而這樣的愛過於濃烈，束縛住孩子的意志發展。你怕孩子在人生道路上跌跌撞撞，以至於他們脆弱而裹足不前。

其實，孩子需要你的放手、你的祝福，需要你成為他們精神上的靠山。不要小看心意的力量，當父母無條件支持子女，給予最大的祝福，即使孩子的成長過程中有波折，父母的愛也會成為他們克服難關的能量。

因此，與其擔心子女，不如把自己的生活過得漂亮。將目光從孩子的身上移開，也看看身邊其他人。活出典範，快樂的父母就能給予孩子最強大的支持。

如果你是杜英的伴侶：

避免批評他們的家人，但是同理他們遭受嚴密干預的痛苦，給予機會談自己的經歷與分享感受。陪著一起討論改變家庭關係的難處，以及改變之後的不同。

鼓勵他們思考如何與家人保持良好的健康界線，讓他們知道不會孤單地對抗原生家庭，無論如何你都會支持他們、一起面對問題。支持與鼓勵會是他們前進的重要驅動力。

> **⊙情感關鍵字：**
> 畏縮、無自信、自我懷疑、無助、孤獨、迷茫
>
> **⊙行動關鍵詞：**
> 精神獨立、設立界線、探索自我、假性叛逆

為什麼明明是家人，犧牲的都是我？

石竹的故事

「反正我沒有什麼用，活著也是多餘的……如果我死了，妳們就不會那麼累。」

「又來了！」石竹腦袋快炸開了，才幾秒的時間，媽媽悠悠綿密吐出一連串讓人窒息的話。儘管自小聽媽媽說過幾百萬次她死了會比較好，但聽到「死」這個字，石竹還是沒辦法習慣，心臟總是微微抽搐喘不過氣來。

妹妹學校中輟後在石竹開的服飾店當店員。這幾年實體店面越來越難做，妹妹三天兩頭翹班，不然就是得罪客人。她提醒妹妹要改善工作態度，妹妹愛理不理地說：「不要自以為妳是老闆就了不起。領這一點點錢，誰稀罕！」

這天店裡試穿的客人把衣服擱在櫃上，妹妹不爽直接要把客人攆出去。爭執過程中碰到客人的手，對方揚言要告店家傷害。其他店員通知石竹，接到電話的她火速趕到現場鞠躬賠不是，以免事態擴大。

在店裡面，妹妹噘著嘴罵店員「抓耙仔」，店員見到石竹就說要辭職不幹，石竹兩頭安撫救火。之後點開手機看到客人上網評價給一星，罵得很難聽。

回到家，肩膀上的皮包還沒放下，媽媽就憂愁著一張臉望著石竹說：「妳妹妹很辛苦啊，不要這樣對她。我當媽的對不起妳們……」

「不是這樣，妳又不知道情況……」石竹話說到一半，媽媽眼眶一紅就落下淚來說：「都是我沒用，不能給妳們過好日子。妳比較能幹，讓一下妹妹……」

石竹知道媽媽是苦過來的，那份苦她懂。但是媽媽動不動就說日子多辛苦，有如浸泡在名為苦的米糠槽裡，從骨子裡都沁出霉味。石竹聞著反胃。

◦媽媽的不快樂，是不是因為我？

過去的確辛苦，爸爸向地下錢莊借錢，利滾利還不起就消失避不見面。討債人找上門來潑漆咆哮，當門外的人瘋狂敲門，石竹和媽媽躲在房間裡面屏息，就怕發出聲音引來討債人兇殘對待。

有一次他們在門外被討債人堵到，媽媽拉著她一起下跪磕頭，苦苦哀求對方放過他們。逼急了，媽媽抬起蒼白如鬼的臉說：「反正我就一個女人，逼死我有比較好嗎？要命兩條都帶走。」討債的人瞄了面黃枯瘦的石竹一眼，悻悻然離開。

媽媽在早市、夜市擺攤，還會抓空檔做手工瘋狂掙錢。妹妹被送到外婆家，石竹跟在媽媽身邊當小幫手，剛上小學的她已經會幫忙擺貨、收錢。當同學為「樹上十隻鳥飛走三隻之後還剩幾隻？」這類數學問題想破頭時，石竹的二位數加減已經算得飛快。

沒有客人時，石竹窩在攤位下用小板凳當桌子寫作業，睏時就睡在紙箱上。隔壁賣鹽酥雞的阿伯喜歡逗她，用油油的手摸她屁股。她跟媽媽說，看著沾在她裙上白白的炸粉，媽媽皺起眉頭說：「小孩子不要亂講話。」

後來，爸爸有時會偷偷出現在攤位上，多半停一下就離開。石竹在小板凳上看著爸爸微微駝起的背，三步併兩步消失在市場人群裡。他沒有和石竹說話。

爸爸出現的那些天，媽媽脾氣特別差。隔壁攤的阿姨向媽媽說：「你尪車上有查某，妳知某？妳還給他錢？憨人喔！」

媽媽心情低落時，無聲無息走到正在寫功課的石竹身邊，摟著她說：「小竹，妳和媽媽去死好不好？」媽媽抱著石竹的手好冰好冰。石竹小小瘦弱的身體發抖，媽媽說過好幾次，不會把她交給爸爸，要走一定會帶著她一起走。

石竹懵懵懂懂，不確定媽媽說「一起走」是什麼意思。石竹擔心妹妹不能一起，馬上問：「妹妹呢？」結果媽媽瞪大眼睛，尖尖的聲音說：「妳怎麼年紀小小就這麼惡毒，和妳爸一樣。」石竹完全不懂媽媽在說什麼，但她知道自己一定說錯了什麼，讓媽媽露出討債人上門時的表情。

看不到媽媽的時候，石竹好怕她發生什麼事情，怕她真的就去死；在媽媽身邊，石竹也無法放鬆。媽媽用羸弱的語氣說：「妳就這麼不長眼睛，出世在這時候，大家都這麼辛苦。」石竹分不清媽媽是憐惜她，還是責怪她。因為懷石竹而結婚，媽媽說她想離婚時，因為懷孕而打消念頭，但她覺得自己的一生在那時就「烏有」（oo-ū，台語：泡湯、落空）了。

石竹覺得自己害媽媽不幸，所以要加倍補償，家務都由她操持。偶爾羨慕住在外婆家的妹妹，什麼都不用管。

爸爸後來有回家，但他酒喝得更兇了，變得更敏感，光是別人的一個眼神掃過，都是在冒犯他。喝完酒就說大家都瞧不起他，對著媽媽大吼大叫說她：「肖查某，討客兄」，不然就衝到欄杆邊說要跳樓。媽媽衝過去跪著拉他、求他不要這樣。好多次爸爸甩門出去，說自己乾脆被車撞死好了，結果一次酒駕撞傷人又賠一大筆錢。

本來拚命賺錢的媽媽在爸爸回家之後也變了個人，兩人陷入金錢焦慮的惡性循環：因為沒有錢而焦躁，卻因此更無力專注賺錢，收入不多也變得越來越暴躁。為了搏一把翻身，爸爸簽賭六合彩，又花掉更多錢。

爸爸賭贏過一些錢，但有錢的時候他不會回家，有錢身邊就有女人。媽媽吞安眠藥自殺，石竹打電話叫救護車。聽說爸爸接到通知時說：「笑死人，吃安眠藥又不會死人。」父親通常很快就花光身上的錢，又回到家裡吵吵鬧鬧。

學校圖書館有一本繪本《活了一百萬次的貓》（100万回生きたねこ），石竹反覆讀了幾百次。主角是隻貓，活了一百萬次，也死了一百萬次。每次牠死去時，牠的主人都為牠傷心，這隻貓卻一次也沒有哭過，因為牠沒有真的愛過誰……石竹看到這本書時，每次都將書名記成《死了一百萬次的貓》，死了一百萬次，活了又死，死了又活。

長大之後，石竹想到成天互相咆哮摔東西、成天威脅說要去死的父母，應該就是那隻死過一百萬次的貓。他們沒有愛過誰，不然怎麼可以那麼理所當然地說要去死？他們死了，那她和妹妹怎麼辦？他們有想過嗎？

。妹妹的人生，就讓我來守護

小時候，媽媽帶石竹去外婆家看妹妹，要離開時妹妹都會哭得很厲害，追著她們跑、哭鬧著要一起走。所以，媽媽和石竹都要趁妹妹不注意的空檔偷溜。被發現時，媽媽會扯著石竹的手跨步離開，就算她的手好痛，也不敢吭聲，能在媽媽身邊就是特權。

妹妹在外婆過世後搬回家一起住，已經國中的妹妹不再是當年的愛哭鬼。她交一個男朋友，搬回家裡等於強迫他們分開，所以妹妹三天兩頭偷跑去找男友。

平時不管家人的爸爸帶人去抓妹妹回來，揮拳打人罵她賤貨。事情一連串地發生，妹妹翹課、混網咖、被警察通知領人。石竹試著勸導，妹妹卻握拳、搥牆、尖叫，要石竹不用再假惺惺地當好人，家裡什麼好的都給她這老大，她自己就像沒人要的狗一樣被丟掉。

石竹好想告訴妹妹，她只有學校和市場，爸媽整天都在吵架，她一點都不好過。她也羨慕妹妹有外婆可以陪她。

沒錢讓一家人亂七八糟，石竹立志要賺很多很多錢，讓媽媽、爸爸、妹妹都住在一起。她還有一個遠大夢想——

學校導師的桌上壓著一張出國拍的照片，導師跟石竹說：「妳有那樣的家庭，如果不想一輩子窩在菜市場，就要靠讀書翻身。」

她指著老師桌上的照片問：「翻身之後也能到那裡嗎？」

老師說：「當然。」

在此起彼落的攤販叫賣聲裡，石竹認真想翻身，想著能去多遠就多遠，火星、土星、木星都可以。

石竹沒有放棄準備考試。她不想一輩子叫賣，她討厭那些油膩膩的手。大考前一晚爸媽吵架，爸爸使出慣用招數甩門離開，徹夜等不到人的媽媽在清晨拿著水果刀往手腕上大力一劃，客廳地板上都是鮮紅色的血。

救護車警笛嗚嗚作響，把媽媽送進人聲雜沓的醫院急診室。人來人往，石竹盯著手錶上的指針慢慢走動，她的時間卻是靜止的。送媽媽到醫院時，已經是第一堂的考試時間。「英文考完了。」、「國文考完了。」時針一格一格走過，石竹在醫院走廊上一臉茫然，心裡只記得：「我今天要考大學，我要考大學。」

媽媽沒死，但傷到手部神經，已然殘廢。這時爸爸又離家了。

石竹不妥協，她選擇白天工作、晚上讀書，薪水交給媽媽。媽媽哀怨地說：「一人一款命，我們沒有讀書的命。」石竹假裝沒聽到，不然她就離不開菜市場。

擺攤的經驗訓練石竹的買賣功夫，她在服飾店打工的業績長紅，更摸熟進貨通路，所以頂下一家店要自己當老闆。媽媽說自己每天提心吊膽，怕店撐不過三個月、怕有一堆債務。石竹最常聽聽媽媽眉頭皺在一起問：「妳真的可以嗎？」

。我也曾想過離開這個家

石竹的一人店生意漸漸穩定下來，賺到的錢多半都拿現金給媽媽。有錢擺在面前，媽媽眉間的線條罕見地輕鬆了一些。只有這時候，石竹才會覺得自己有一點點用。媽媽說：「我幫妳先存著。以後我兩腿一伸，什麼也不會帶走。」

石竹看中一間店面想要拓點，開口向媽媽調資金。媽媽說：「妳還年輕，野心不要太大，不是每天都在過年。」做過風險評估的石竹覺得這是個好機會，不死心地繼續遊說媽媽。

「我賺到的錢都拿回來給妳了。現在我要投資，妳就幫我一次。不然借給我也可以。」

「錢！錢！錢！每個人都跟我要錢。就我的命賤。」媽媽如泣如訴。

「我就是沒本事，讓孩子用『借』的來糟蹋。」媽媽的聲音更哀怨了。

「我不是這個意思！我……」

話還沒講完，媽媽轉頭進入房間，出來時把存摺和印章放在茶几上說：「妳有本事。我就是沒有用，沒資格當媽媽，我對不起妳。」

拿起存摺和印章，石竹雙腿一曲跪著跟媽媽說：「對不起，原諒我。」她知道如果再吵下去，媽媽又哭又尋死的劇情會再來一次。她怕，她好怕。

石竹後來才知道，那本存摺餘額只剩幾百元，因為錢都讓妹妹拿去買車、還卡債。

她不懂，妹妹和媽媽兩人常常吵架，妹妹和爸爸一樣動不動就離家，然後像隻流浪犬一樣垂頭喪氣地回來，在家卻頤指氣使。妹妹開口要什麼，媽媽嘴上嘮叨但最後一定會買單。

媽媽還沒有開口說需要什麼，石竹馬上雙手自動奉上。她知道媽媽一路以來很辛苦，能順著媽媽就不反駁。她也知道，媽媽不時在幫爸爸和妹妹補財務上的洞，那些債務如打地鼠，總是冷不防地冒出。別人看石竹的事業風風光光，她留下來花的現金卻少得可憐。

曾經有位交往多年的男友告訴她：「妳的家人是水蛭，會把妳的血吸光。」石竹不想承認但也無法否認。最後，對方提出的分手理由是：「我不想一起賠上自己的人生。」石竹非常生氣，覺得用這個分手實在太爛了。石竹好氣好氣，因為她知道這是事實……

「他們是家人，我有什麼辦法？」

去。

雖然石竹想要去很遠很遠的地方，但是她把自己和家綁在一起，哪裡都沒有

看看這道人生習題

「有的人會讓自己受苦，想要以此證明自己是堅不可摧的。」韓國作家金英夏（김영하）在《懂也沒用的神祕旅行》（여행의 이유）裡這樣說。人的本性是趨樂避苦，如果自討苦吃一定是有什麼原因，才會一直泡在無邊苦海不上岸。

旁人輕易就能看出，石竹與母親對吃苦的固執程度驚人地相似。她們都可以有更好的選擇，都有機會讓自己活得輕鬆一些，但是她們都沒有這樣做。

乍看之下，石竹父親的放蕩與不負責任造成家庭的災難，但父親可以再三惹

事，母親的縱容幫了不少忙。她義無反顧地償還先生債務，當個受苦而不放棄的女人。她在關係裡「認命」地用掙錢、用經濟能力拉住丈夫，但無處消化的怨懟與指責，卻又把丈夫的心往外推。夫妻兩人合不來，也分不掉。

當父母無法搞定自己，無法讓家庭經濟穩定，首先被犧牲的只會是孩子。

◦被迫提早成為大人的孩子

石竹就是優先被犧牲的孩子，因為她最懂事、最貼心。

像石竹這樣的孩子不自覺地越位承擔起父母的責任，除了幫忙照料家務，還可能需要賺錢、照顧手足、在父母爭執時充當緩衝，替他們排解情緒。原本應該由父母承擔的責任、角色與功能，轉移到孩子身上，讓他們肩負起「父母的父母」這一沉重的角色，成為所謂的「親職小孩」。

「親職小孩」提早成為大人拯救家庭，讓家庭維持功能。但是，對一個孩子而言，他們再有心，也要面臨自己只是小孩的無力狀況，父母的感情、經濟的問題，都不是他們能解決的。因此，只能長期憂心自己無能為力處理的情境，處在焦慮的情緒裡……

在生命發展的階段中，他們直接跳過童年。因為不曾有過，所以也難以意識到自己沒有童年。但是這影響，卻會一輩子如影隨形。

「親職小孩」善於察言觀色，目光總是聚焦在他人身上，一直到成年始終高度警戒，注意別人的反應是什麼，有什麼需要，就是台語講的「目色（bak-sik）很好」。看到別人的需要時，他們不假思索地將照顧的責任攬到自己身上，認為自己應該滿足對方的需要。

卸不下照顧者的角色，在群體裡自然以滿足整體需求為主，以「識大體」、「顧全大局」優先，卻因為過度的利他，犧牲掉自己本來的權益。

孩子為什麼要那麼聽話？很重要的原因就是——恐懼失去依附對象。

人之初需要父母照顧才能生存，自然就產生孺慕之情。對孩子而言，父母的分量如此之重，當父母輕易地把「死」掛在嘴上，這是再殘忍不過的事情。父母的自殺意味著自己被完全地拋棄，是最終極的遺棄。

隨時可能被拋棄的感覺會纏繞一生。即使只是曾經出現自殺意圖，子女的警戒與被捨棄的心情，到成年之後也難完全消失。

。母女倆搶著當照顧者

母親透露的尋死念頭，成為石竹的終極恐懼，讓她無法將注意力從母親身上移開。她不斷討好，雖然偶有小小的反抗，最後卻總是卑微求饒。石竹的討好換來各種挑剔，忤逆的妹妹卻反而受到關愛。

從母女競爭之間來看，母親是家庭風雨飄搖的舵手，她讓家庭不止於崩離，是狀況不斷的家庭拯救者；石竹這個大女兒是小幫手，是執行的副手，母女相互配合。

隨著石竹成長，女兒的能力日益增強，母女之間的能力此消彼長。母親奮戰大半生所扮演的拯救者角色逐漸消失，母女位置反轉，母親成為需要女兒幫助的對象。失去掌控權力的感覺，讓母親感到焦慮和不安。

在這種情況下，母親更加迫切地希望女兒聽從指示。那些綿綿語言的情緒勒索、綁架情感，都是在試圖重新掌握權力。

石竹和母親之間變成：一個越展現自己的能力討好，一個越抗拒自己無能而嫌棄對方。

相對地，妹妹扮演需要母親關注的叛逆女兒。她需要母親的照顧，需要金錢支助。妹妹越是無能越需要依賴母親，她越不積極越凸顯母親的功能。母親在這段關係中沒有競爭壓力，反而能充分發揮她照顧者的功能。同時，母親對妹妹幼時不在自己身邊的愧疚感，也加強她的補償心理，更加投入於這種照顧的角色。

這些難以被覺察的因素回答了這道疑問：「明明是最乖巧的孩子，為什麼父母最不在乎？」石竹拚命迎合母親，反而無法贏得母親的注意。

在親密關係方面，親職小孩因為長期「成熟」、「貼心」、「懂事」，卻忽略自己的感受。一旦伴侶關係穩定時，另一半被當自己替身，期待對方如自己般對待家人，例如「你愛我，就會把我爸媽當自己的爸媽」。

當事人過度承擔家庭責任而不自覺，另一半卻能輕易看出不合理之處而拒絕。但是「你不重視我家人」等於「你不重視我」這樣的邏輯，往往成為親密關係裡的衝突，造成分手的理由。感情挫折又變成當事人的苦楚。

要從受苦的情境解脫，一定要扭轉「用受苦證明自己無堅不摧」這樣的信念，讓自己當真正的大人，而不是被強迫長大的「親職小孩」。斷開循環模式，放下不屬於自己的責任，才能擁有真正屬於自己的人生。

如果你和石竹一樣

將精力放在了解自己，是此刻最值得你投入的事情。當你清楚自己的價值觀與需求，就不會只看著別人而忽略了自己。

多想一想：「我想要……」、「……對我是重要的」、「我在乎的是……」

先練習如何說「不」吧！

身邊的人習慣你的付出，期待你滿足他們的需求，所以在做決定或回答別人的要求時，先問自己：「這是我想做的嗎？」、「這樣做我開心嗎？」

如果答案是否定的，那就向對方說「不」。拒絕別人是保護自己界線的一環，懂得拒絕也能獲得他人的尊重。

不再漠視自己的需求，認真地想想自己要的是什麼。你已經付出太多了，再這樣下去，對彼此的關係都不健康。

把焦點放回自己身上，慢慢地學習照顧自己。當你滋養自己，才能真正迎接屬於自己的幸福與平靜，也才能影響他人。

更多方法請參考附錄「自我練習手冊Ⅰ：自我覺察練習」。

如果你是石竹身邊的人

如果你有像石竹這樣的另一半：

「為什麼愛做又要嫌？」你可能長期有這樣的納悶。你想要幫助他們卻不得其門而入。

雖然你心疼他們的付出沒被珍惜，但不要強行改變他們的做法，更不要批評，避免造成他們的壓力。請尊重他們的做法。

你可以聽他們抱怨，但不用給建議，只要多體貼他們在這情境裡的辛苦。然後，找到適當的機會與他們分享一些個人或朋友的經歷，讓他們獲得不同的視角來看自己。

有時你會覺得他們過度關心，甚至干涉，想要幫你打點大小事情。如果這些行為讓你覺得不舒服，請直接跟他們溝通。

但是記得先肯定他們對你的付出，謝謝他們願意為你這樣做。

聽到你親口回饋，對他們來說無比重要。做了這麼多，他們要的就是這一句話。然後再告訴他們有哪些事情你可以自己來，請他們放心。

如果你有像石竹這樣的主管：

和這樣個性的主管共事，你可能會感受到主管控制欲強，懷疑他們對你不夠信任、對你的表現不滿意、對結果過度擔憂。但事實上他們可能不是針對你，而是他們習慣要能夠掌握事情發展。

容易焦慮的個性讓他們無法掌握狀況時，就會頻繁檢查你的工作進度，甚至插手干預你的工作，確保能夠達到他們要的結果。

因此主動回報進度，讓他們知道你的狀況，能有效地減少他們干預的情況，也較能得到他們的信任。

雖然他們看起來強勢，如果你主動溝通或提出需求，他們會很樂意幫助你。

如果你有像石竹這樣的下屬：

他們有時工作熱心過頭，把別人的事情當成自己的事管，「雞婆」干預他人而影響團隊合作。

當主管的你與這樣的下屬溝通時，要先肯定再提建議，因為他們相當在意他人的批評，尤其是主管的評價。一旦覺得被批評，他們會增強防衛心導致溝通失效。

所以，先肯定他們認真的工作態度，再釐清、確認職責範疇，與他們討論過度參與他人工作的緣由。

支持他們在自己的職責內發展，必要時擴增工作範圍，激勵他們的成長。

⊙ **情感關鍵字：**

憂鬱、焦慮、內疚、恐懼、孤獨感

⊙ **行動關鍵詞：**

讓親職孩子長大、自我察覺、自我照顧、設立界線

她自我催眠相信精神上彼此相互隸屬，
占據「一個最重要的人」位置，
自我安慰法律上離婚，精神上並沒有離異。
她沒有意識到，她將自己當補給碼頭，
看似豁達地任對方來去、當他的避風港，
累了倦了就來停泊。
但對漂泊浪子來說，海這麼大，港口不會只有一個。

Part 2

天長地久的愛情只是神話？

——兩性關係

為你犧牲一切，都是因為我愛你？

月季的故事

月季彎下腰來，掄起腳上的拖鞋往車尾砸去。只見車尾燈幾秒鐘就消失在轉彎處，她踉蹌地推開紗門，單手扶著木條略顯單薄的門框，抬起的右腳，遲疑著要不要往前跨進入屋內。

剛離開的人是月季的前夫。不管月季搬到哪裡，前夫都會不定期、無預警地出現，留下來住一段或長或短的時間。前夫來的時候，月季的作息一如日常，盥洗、出門上班、下班。小小的差別是交代冰箱裡有什麼食物，彷彿生活只是多了一雙筷子。

「我們這樣算什麼？」月季想過要這樣問前夫。但只是想想，並沒有開口。

她覺得問了，前夫應該只會淺淺地笑著，不置可否。

當年兩人離婚是前夫提的。還沒開口，他就哭得像遊戲全部被刪除的小男孩，喃喃地說：「對不起！對不起！我不是故意的。」看著他六神無主地拿出離婚協議書的慌張樣，月季不知道他是可憐還是可恨多一點。

辦完手續的那一天，前夫反覆地說：「妳永遠是我這輩子最重要的人。」一邊提離婚，一邊說對方是最重要的人。月季的朋友聽到她的轉述，義憤填膺地罵：「爛人！無法想像要多渣，才能說出這樣的垃圾話。」身為當事人，月季反過來為負心人辯駁：「他其實沒有那麼壞。」

月季是真的沒有感覺到前夫的做法有多傷人，倒是覺得那荒謬到極點的行為中，藏著無法掩飾的真誠。她想到兒子小時候偷吃餅乾，小人兒一直說自己沒有偷吃。

「沒有吃餅乾，為什麼嘴角會髒髒？」

「它自己黏上來的。」

兒子緊緊抿著嘴，如受驚的小貓，張著水汪汪的大眼睛，沾黏的糖粉跟著呼吸上下起伏。誰能對這樣的孩子生氣。

前夫就像是這樣的小人兒。不管再鬼扯的話，月季都不想搓破，不想花力氣去懷疑。她真的相信，自己是他生命裡最重要的人。

只是，月季心裡偶爾也會冒出這樣的疑問：「我們的婚姻是怎麼走到這一步的？」

。我這樣忍、這樣讓，為什麼你都不在乎？

剛結婚時兩人沒什麼錢，懷著攝影大師夢想的前夫靠接案維生，收入不穩定，兩人住在租來的頂樓加蓋，房租家用由月季支付。為省下一、兩元，在自助餐夾菜時努力瀝乾湯汁。但凡前夫需要的設備，如相機、鏡頭等，從婚前她就已經不吭一聲地把積蓄拿給他。

前夫買新相機、新鏡頭，第一次使用時一定把快門對向月季。如新船下水首航擲瓶，月季是前夫乘風破浪的起航點。月季不懂攝影，別人說她溫柔纖細、不與人爭，但從前夫為她拍的照片，月季認為他是真的懂她。他用快門抓住連她自己都無意碰觸的靈魂深處——荒涼。有如回報知遇，她張羅打點生活的一切，前夫只要做好藝術家的耕耘。

兒子出生之後，鏡頭對準月季的次數變少了。兒子有先天性的心臟問題，體弱哭鬧不好帶，前夫在家嫌吵、嫌兒子妨礙他工作，不是頻頻出差，就是半夜開車說要出去靜一靜。留下月季抱哄著兒子，母子倆有聲與無聲地一起哭。

月季不會讓自己哭太久，因為天亮之後馬上就得送孩子到保母家，她自己也還要上班。

前夫在業界闖出一點名氣，兒子已經是小學生。鄉下獨居的婆婆卻中風，需要有人幫忙照看。沒等前夫開口，月季請調工作，帶著孩子和婆婆一起住。婆媳倆相依為命，一、兩個月回來一次的前夫，反而像是來作客的外人。

月季過著偽單親生活，已有點小知名度的先生，其實手頭不寬裕，婆婆的醫療費用也是月季在付。婆婆說：「對不起！把妳綁在這種鄉下地方，害你們夫妻倆分那麼遠，家不像個家。」知子莫若母，婆婆猜到自己的兒子有多荒唐，不明說拐彎為兒子說抱歉。月季笑說：「媽，您別多想啦！鄉下單純，小孩上學比較好。」

後來，婆婆二度中風，摔倒住院之後離世。籌辦告別式時，遺體還在殯儀館，前夫就說要離婚，月季傻了。

月季從先生鏡頭不再對著自己，從他外宿、外拍時間增加，他夜半在陽台講電話，她已隱約感覺異常。但是她什麼都沒問，照常安安靜靜地繼續上班、照顧兒子，她不知道該怎麼處理才好。

月季以為夫妻倆可以繼續遠距下去，畢竟她退讓成這樣，沒有道理走不下去。「我要離婚」這聲音和喪禮的嗩吶聲一樣，讓人倉皇。到底為什麼，要在母喪期間迫不及待提分手。

正與外遇對象熱戀的男人沒能擋住女人的壓力，急著要在百日之內離婚又完婚。月季在婆婆的告別式哭到昏厥。他人覺得這媳婦有情有義，只有月季知道那眼淚是為了自己哭，而她也已經不是這家的媳婦。

離婚之後，前夫與熱戀的女人出現嫌隙，也有些知名度的女方嫌棄跟他生活不安穩，這次換前夫被分手。不過，前夫的感情生活沒有空著，攝影師按快門時獵鷹般專注的神情、不羈的浪子形象，頻頻讓小模暈船、和名媛搞曖昧。月季接過幾通來宣示主權的電話，警告她要自愛，既然他們已經離婚就不要用前妻的名義繼續糾纏。

從妻子變成第三者，誰先愛上誰重要嗎？月季感謝前夫沒有把兒子帶入他自己的感情生活、沒有帶著女伴出現在兒子面前。前夫來的時候，仍會有一家三口的錯覺。月季似乎妥妥地卡在「前夫生命中最重要的人」這個位置。

我不爭不吵，為什麼你們還是不愛我。

前夫這次來的時候，慎重其事地說要宣布一件大事情。前夫賣關子、搞神祕。但是月季注意到他眉頭舒展許多，腳步也輕快了。

「妳是我最在意的人。沒有妳，我不知道該怎麼辦。」吃過飯，前夫一邊幫月季沖茶，一邊說著。

「怎麼了？」月季接過茶杯的手微微地顫著。

前夫略帶緊張的表情，讓月季不禁跟著緊張起來。「他想復婚嗎？」、「他生病了嗎？」幾秒的時間，月季腦中閃過幾千幾萬個念頭。

「我不應該再這樣下去。」前夫說。

「嗯。」月季等著聽下文，時間慢轉成二分之一倍數。

「可以借我八百萬嗎？」

「什麼？發生什麼事了？」

「我想買房子，那間房子很適合我們，但頭期款不夠。妳有公教身分比較好貸款。」

「我們？我現在住得好好的啊，為什麼要搬家？」

「她說租房子不踏實，想要有個自己的家。」

月季被弄糊塗了，深呼吸幾口氣回過神。原來，前夫遇到一位女生，對方懷孕了，他想買間房給對方一個穩定的家。搞清楚是怎麼一回事之後，月季微微張著嘴巴，好多話卡在喉嚨但吐不出來。月季全身發抖，強大的羞辱感讓她動彈不得。

太丟臉了！太羞恥了！月季羞於自己這麼多年的自作多情，恥於自己這樣的無知。

這幾年是歲月靜好的鄉居恬適，還是隻身一人的寂寞孤單冷，月季其實不在乎。前夫去去來來，有沒有一紙結婚證書，月季以為不重要，重要的是他們有彼此。她支持他成為自己想要的樣子，為他扛現實的責任，甚至是偶爾需要的性關係。當她意識到自己真的成為第三者，月季才體會到自己的不堪。

「你給我滾！」終於，月季吐出一點聲音。

月季蒼白的臉嚇到前夫，試圖要拍背安撫、說些什麼，但她舉起手來阻止他繼續說話。她轉身把他推到門口，嘶啞喊著：「你給我滾！滾！」

在院子裡僵持了三十一分鐘之後，前夫發動車子離開，那台她幫忙繳車貸的悍馬車。

紗門經過大力推動後仍搖搖晃晃，但車聲已經消失。前夫就這樣離開，完完全全扔她一個人。

月季在門口蹲下，蜷起手腳，從啜泣到到嚎啕大哭，像要撼動天地一樣放聲大哭。當年，月季在醫院就是這樣哭，哭到撕心裂肺、哭到護士不得不出現。

「不管再努力，我終究還是沒有人要。」月季這樣想。

月季媽媽十九歲生下月季，她是爸爸見不得光的小女友。嬰兒的出現成為家族的炸彈，元配尋死尋活說要和賤種同歸於盡。

比起感情世界，家族裡更覺得棘手的是爸爸被安排從政，婚外情就算了，有小孩就成為被攻擊的汙點。

最後，月季被送給和先生分居、沒有小孩的姑婆撫養。

爸爸的老婆同意月季留下的條件是，她不能曝光，也不准爸爸和她聯繫。

接收月季的姑婆，當年堅持和老公分居，被視為不識大體。非婚生的月季送給她養，讓兩個被家族認為有瑕疵的人成為共同體。據說長輩對這樣的安排相當自豪，「彰顯」這個家族的大度與寬容。

姑婆不是愛小孩的人。她收留月季，和收養流浪貓的態度一致。她會放些米飯在院子裡，貓會自動來吃，吃飽了就走。姑姑不替貓取名，也不會特別留意哪一隻貓，就是給牠們溫飽。

月季是姑姑的流浪貓，給她溫飽，但也就只有這樣。姑婆過世，爸爸的老婆不准月季出現在喪禮上，「有她就沒有我」的態度一直守得牢牢的。沒人在乎她是姑婆養的孩子。

安安靜靜、不爭不吵不鬧，是月季的求生之道。她迴避所有可能的衝突，不吵就能活下去。但是月季沒有想到，自己不爭，別人卻會侵門踏戶。

月季緊緊守著最重要的位置，卻沒看到世界已經變了。

看看這道人生習題

現在是二十一世紀，已經進入AI時代，但關於情感問題仍處於創世紀。

乍看之下，月季與前夫的故事如「癡心女遇上負心漢」的傳統戲曲腳本，男人辜負含莘茹苦的糟糠妻，女人犧牲、奉獻、持家，是父權社會下的絕世好女人。

這是男人混蛋，女人笨蛋的故事嗎？不全然。進一步想，親密關係本來就是盤根錯結，從來不是簡單的是非對錯，就能交代。

月季與前夫的關係，是如何走到真心換絕情的地步？

他只是個長不大的男孩。

月季前夫這類型的男人本質上是個男孩，或任性、靦腆，或帶點不羈的藝術家性格，恣意地朝向自己的理想、夢想、甚至妄想奔赴。當他投入的沉醉態度和玩得出神的孩子如出一轍，這樣童真似的無畏，特別容易吸引具有照顧特質、沒有自己目標的人，來成為他的支持者。

這樣的情人，愛戀時慷慨大方、不吝表達情感、活得出塵。他們不計較金錢，但通常也不太會掙錢，將生活重擔交給另一半也不會覺得不妥。因為如果有能力，他會分給對方，只是恰好他沒有能力。遇到挫折時，他不畏懼展示如受驚小鹿般的脆弱、無助。這些特質都強烈吸引著母性強大的對象，油然升起想要保護他的心。

月季前夫儘管無意打破世間的羈絆與規矩，但確實如小孩般難以專情，無法真正承擔家庭責任，無法守住情感承諾。

逃避與暫時離開是前夫面對壓力的方法，離婚之後仍舊保持模糊不清的聯繫，正反映出這種矛盾心理，一方面不願意完全放手，另一方面卻也無法負起責任。

這樣的男孩，要遇上讓他覺悟並長大的對象，才有機會蛻變成男人。

。她只是個害怕被拋棄的女孩

月季在婚姻裡義無反顧地扛起家庭大小事，對前夫表現出極度的依賴和包容，有如為他打造一座樂園，不用為生計困擾、不用變得庸俗世故。即使被拋棄，依然無法與前夫完全斷開聯繫。

月季的行為反映出她內心深處缺乏安全感，而這樣的行為反應，可從月季的早年經驗追溯。

母親在月季出生後便離開了她，父親無法對她負責。她被送給姑婆撫養，但姑婆並非富有情感的撫養者，對月季的態度更像是對待一隻流浪貓，只提供基本的生活需求，缺乏情感上的交流和支持。

在缺乏愛與關懷的環境中長大，這樣的童年經歷形成月季對愛與關注的強烈渴望，卻也同時伴隨著深層的不安全感，她害怕失去對方，所以盡其所能地付出。

「我負擔家計，你不能離開我。」

「我照顧家人，你不能離開我。」

「我為你這麼努力，你不能離開我。」

過去傳統社會默默付出的女人總是能獲得稱許。不埋怨、不邀功、不撒嬌，恰如其分地扮演好賢內助角色，很少聽到她們喊累說苦。這乍看之下的極大寬容心，卻是硬撐出來的，只是硬逼著自己忍耐，委屈求全以求留在關係裡。

月季就是這樣，矛盾的情感需求使她在面對前夫時，無法果斷地終止這段不健康的關係，她選擇被動方式維持這段關係，即使這段關係早已帶給她極大的痛苦。

○關係不對等讓情感更惡化

這段婚姻錯誤的第一步是，太太一肩扛起家庭責任卻放任先生在一旁坐視旁觀。這段關係充滿不對等，但當事人刻意漠視。

前夫展現出的強烈逃避傾向，逃避家庭生活的壓力，不願面對問題，無法真正投入家庭生活。月季選擇忍耐和退讓，先生越逃避，她越投入情感與精力。她拚命維持一個看似正常的家庭生活，只是努力並未得到前夫相對等的回應。不正面指出這不合理現象的月季，也是在逃避。

照顧婆婆反而給了月季一個機會，名正言順地從夫妻關係焦慮裡解脫。她是人情義理毫無挑剔之處的好媳婦，挑起前夫這個兒子無力承擔的重責。然而，完美的付出，對夫妻關係反而造成長遠的負面影響。

先生連當個孝順的兒子機會都被太太搶走。他固然感謝月季的付出，但也有自己的糾結。

親密關係裡，結合的理由，也能是結束的原因。

婆婆彷彿成為兩人關係裡的人質。潛意識裡，月季用犧牲奉獻拴緊前夫，站在道德的制高點，製造愧疚感來換取關係的穩定。當婆婆過世之後，兩人必須綁在一起的原因消失，外遇只是輕輕的推力，推倒兩人本來就脆弱的關係。

只是，月季害怕被拋棄，極度渴望擁有穩定的情感連結，與前夫離婚之後，仍未真正與他斷絕關係。離婚對月季而言只是解除法律上一紙約定，或是說，離婚只是配合順應前夫一時的需要。

她自我催眠相信精神上彼此相互隸屬，占據「一個最重要的人」位置，自我安慰法律上離婚，精神上並沒有離異。她沒有意識到，她將自己當補給碼頭，看似豁達地任對方來去、當他的避風港，累了倦了就來停泊。但對漂泊浪子來說，海這麼大，港口不會只有一個。

月季睜著眼睛卻無法去看，前夫離婚後仍舊保持著聯繫，是基於他自身的需要，而非對月季的關心或愛。前夫這種出現與消失無常，帶來極大的不確定感。這些，進一步強化了她的焦慮，使她陷入更深的痛苦與矛盾，拿「我是他最重要的人」這句話當鴉片暫時止痛。

她一次次重複這種失而復得、得而復失的戲碼，陷入「男人越壞，她就必須越好，越不會被拋棄」的迷思。

不知道前夫是否遇到讓他真正長大的對象，但這與月季無關。前夫的絕情看似殘酷，月季要藉此中斷不健康的付出，丟掉前夫這包袱，真正展開新生活。

如果你和月季一樣

如果對方的話如蜜糖，讓你上癮。千萬要提醒自己糖是空熱量，吃多了對身體沒有幫助。

要知道對方是不是真正對自己好，就張開眼睛觀察，進一步驗證、確認對方怎麼行動。譬如大雨時他明明有傘，卻只說看你淋雨好心疼。這種只有在口頭上說說的，叫做「哄」，沒有真的把你當一回事。

不要再緊抓著虛幻的感覺、不要再自以為「自己是最重要的人」而困在被愛的泡泡假象中。要脫離一直以來的關係困境，需要從內心開始改變。你要認真觀察自己的行為模式，重新認識自我。

審視一段關係是否值得繼續維持，請先思考以下問題：

「這段關係是否對自己有益？」

「自己眞正想要的是什麼？」
「關係的未來發展如何？」

越清楚這些問題，越能夠相信幸福不一定要寄託在他人身上。學習在情感上自給自足，就能找到內在的平衡與平靜。

學習對自己說「YES」

要相信自己的價值，每天花一些時間練習肯定自己。可以參考附錄的「自我練習手冊I：自我覺察練習」（二九四頁），關心自己的需求、發展自己的興趣。要相信你的價值是理所當然的存在，而不是他人對你的評價或態度。

學習對他人說「NO」

需要學習如何設置並堅持自己的界限。基於自己的需要，明確表示哪些行為是自己可以接受的，哪些是不能接受的。一旦他人試圖越過這些界限時，清楚表達自己的立場、果斷地拒絕。你的善良很可貴，不能允許他人隨意利用。

如果你是月季身邊的人

看到自己身邊的人陷在感情輪迴裡，義憤填膺地責罵負心人的可惡至極。看著對方的猶疑不捨，會想要用強硬的態度喚醒當事人。就像看到對方身旁起火，急著把他拖出危險的環境。

一次、兩次，你會為自己無法改變對方的態度而受挫。漸漸地因此感到疲憊不已，認為自己幫不上忙，提醒自己不要再淌這趟渾水。但是身為好友的你，無法完全置之不理。

雖然沒辦法改變他們的行為，但你對他們仍有十足影響力。你的陪伴是重要的支持，因為有這些溫暖，他們才能穩住自己不至於崩潰。

不要放棄關心他們！關心是他們最渴望卻得不到的東西。讓他們知道，需要人陪伴時，你會穩穩地待在旁邊，這樣就足夠了。

至於什麼是最好的決定，他們自己想通了就會知道。

⊙**情感關鍵字：**

失落、疏離、低落、無助、委屈、矛盾、羞恥感

⊙**行動關鍵詞：**

自我肯定、設定界線、重新審視、自我價值、釋放情緒

你既然愛我，就不能對我有所隱瞞

曉芙的故事

曉芙與男友幾乎要逛遍信義區商圈的每幢百貨。為了當伴娘，她卯足了勁，想要讓自己成為最閃亮的焦點。

空檔歇息，兩人坐下喝咖啡，當服務生端著蒙布朗蛋糕過來時，一位身著白色短褲、踏著鑽飾夾腳拖的女人，直直地往桌邊走過來。

「Wow Jeff~ It’s really you!」短褲女郎拉高尾音向曉芙男友打招呼。

一臉倦容的男友抬頭將視線迎向對方，瞬間睜大了眼睛，站起身來興奮地說：「妳回來多久了？」兩人熱絡地聊起來。

曉芙坐在位置上看男友和短褲女熱烈聊天。她拿起餐巾紙抿抿嘴，等男友結束聊天，或是介紹她們認識。

七分鐘過去，男友沒有任何進一步的反應。曉芙臉色越來越沉，無聊地讀著紙巾上印的咖啡館標語「安心享受微甜的美好時刻」。失去吃蒙布朗的興致，她反覆揉著餐巾紙來壓抑心中的不耐煩。當雙指揉爛「安心」兩字時，短褲女和男友交換 Instagram 帳號，嗲聲地說：「Bye!」

曉芙的手上拿著爛成一團的餐巾紙，滿臉不爽問：「那女的是誰？」

「我以前的同事。」

「沒有聽你說過這個人，她沒事烙什麼ＡＢＣ英語。你們一直有在聯絡對不對？」

「妳又來了，就以前同事，有什麼好說的。」

「什麼又來了，你就是心裡有鬼。你給她ＩＧ要幹嘛？」

「其他人都在看，可以不要這樣嗎？」

「你在乎有沒有人看，有在乎我的感受嗎？」

兩人越吵越激烈，最後男友丟下一句「瘋子，不可理喻。」就先離開了。

曉芙在咖啡廳越想越氣，拿起手機重複撥打電話給男友。他不接，就改留下一串又一串的訊息罵男友。

曉芙望著一長串的不讀不回訊息，怒火越來越旺。她心想：「他們一定有什麼，不然幹嘛這樣心虛，一走了之。」越想越覺得可疑，「那女的是在跟蹤男友嗎？不然怎麼知道我們在這裡？」

最終，曉芙下結論：「她故意來示威的。」

想到這裡，曉芙呼吸變得急促，後腦勺發麻。她繼續想：「難怪他最近態度變得很冷淡，不時滑手機。問他忙什麼也不多說，只會說好累、不要管他。」

「這一定有鬼。」曉芙又下了一次結論。

與男友和好再次見面時，曉芙趁著他洗澡時偷看他的手機。通訊錄裡有一些陌生的名字。「Jennifer 是誰？嘉玲又是哪位？」一長串的聯絡名單裡，曉芙不知道哪一個才是短褲女。本來是想證實他和短褲女的關係，但看到「身體有沒有好一點？」、「你好棒」、「你好大，我好怕」之類的曖昧親暱對話，越看越慌，她只能一頁頁備份對話。

她本來想偷偷觀察，但最後忍不住開口質疑：「這些人是誰？」

「妳為什麼偷看我手機？」

「如果不心虛，就不怕別人看。你是不是偷偷用代號把那個婊子隱藏起來？」

「尊重一下別人的隱私好嗎？」

「綠茶和渣男有什麼資格談隱私？」

「神經病！去看病啦，我不想和妳吵架。」

冷戰幾天過後，男友解釋說通訊錄上是業務往來的客戶名單：「妳如果不相信，可以一個一個去問。」

曉芙不爽做錯事情的人明明是男友，為什麼要她自己去問。她堅持如果不刪掉那些人的聯絡方式，就乾脆分手。男友把手機拿給曉芙：「妳想刪誰妳就刪。」

「要刪你自己刪，為什麼要弄髒我的手，去碰那些女人的名字。」

又一次，不了了之的爭吵。

過幾天，兩人約好一起吃晚餐，曉芙特別到百貨公司精品超市買生魚片、熟食、點心。剛擺好碗筷，男友手機響起，曉芙想到通訊錄裡那些女人的名單，問男友有沒有刪除她們。男友被質疑到煩，將手機拿到她面前，大動作地將通訊錄裡的聯絡名單一一刪除。

「既然男友可以如此乾脆，之前說不能刪是在騙她嗎？」曉芙覺得不安，認為男友一定有什麼預謀。她心痛地說：「你明明知道我這輩子最痛恨別人說謊，實在無法忍受不誠實的人，怎麼可以這樣傷害我？」

對於曉芙的失控，男友也抓狂般地怒吼：「到底有完沒完？妳要編幾百套劇本才能上演完結篇？要瘋妳自己瘋。」他拿了外套就轉身離開。

餐桌上的生魚片在這樣的氣氛下瞬間失去光澤。滿桌的菜，滿滿的孤寂，這畫面好熟悉。

◎爸爸媽媽在吵架，我好害怕

曉芙印象裡，有段時間爸爸總是很晚下班，但是媽媽煮好晚餐一定堅持要等到爸爸回家再一起吃飯。哥哥不想等，常趁媽媽不注意的時候，拿起筷子夾菜吃，有時還用手拿。她那時候覺得媽媽好笨，都沒有發現哥哥偷吃。

有一次曉芙看到哥哥直接把盤子內的雞肉拿起來吃，她也有樣學樣，結果正好被媽媽看見，掄起鞋拔就往她身上打。哥哥機靈跑得快，馬上鑽進房間不出來。客廳裡只剩下媽媽尖銳的飆罵，以及曉芙高聲討饒的：「對不起……對不起……對不起……」

晚餐的菜放涼加熱又放涼，爸爸回到家多半都說不餓，逕自走進書房並帶上房門。餐桌只剩下媽媽和曉芙兄妹倆默默扒著飯。曉芙不敢看媽媽的臉，這時她的眼睛好可怕，漫畫裡沒有黑眼珠的怪物就是這樣。看著這樣的眼珠，曉芙其實吃不下，但她不敢不吃。

以前不是這樣的，老來得子的爸爸下班回家，包包還沒放好就會抱起曉芙問：

「今天有沒有什麼好玩的事情？」問哥哥：「有沒有同學打架？」爸爸也會讓一隻手臂和哥哥玩格鬥，哥哥輸了就會嚷著：「不公平，再來一次！」爸爸會帶他們一起爬山、一起學猴子叫，媽媽則在一旁笑著。

不知道從哪一天開始，爸爸下班就關在房裡，媽媽一臉冷冰冰。他們到底發生什麼事情了？曉芙偷聽到媽媽在電話裡說：「我老公有外遇。」爸爸否認，但是承認他時常幫助公司裡一位單親媽媽。

媽媽要爸爸辭職離開那個女人，爸爸不答應。媽媽認為自己輸給另一個女人。她不甘心建立好的家拱手讓人，更加認真做好主婦要做的事情。媽媽老是掛在嘴上說，自己是沒得挑剔的好太太。曉芙常聽到媽媽說：「我沒有對不起你們家。」

就是從這個時候開始，父母互動變得很少，家裡氣氛差，年紀最小的曉芙被晾在一旁。媽媽日復一日做著爸爸不動筷子的晚餐。有一天，強烈寒流來襲那晚的餐桌，盤子上的油脂都凝成白白的一層，爸爸沒有回家。直到天亮也沒有出現。

爸爸消失了。

媽媽覺得爸爸和「那個女人」私奔，刻意消聲匿跡。沒去上班的爸爸，五天後在偏僻的山坡雜林裡被發現，死因判定為意外，推測可能是為了撿拾掉落物品失足摔到頭，最終失溫死亡。

「好端端的一個人，為什麼跑到那裡去？」、「他老婆害他去自殺。」家族裡議論紛紛，因為爸爸的抽屜搜出許多抗焦慮和安眠的藥物。

爸爸離開滿一年，媽媽再婚。她要哥哥叫繼父爸爸，曉芙跟著喊「爸爸」，媽媽卻說：「妳叫『叔叔』就好。」

「為什麼不一樣？」曉芙問媽媽。

「哥哥是他親生的，妳的爸爸死了。」媽媽說。

曉芙不知道自己是否聽懂媽媽的話。關於父親的事，媽媽只講到這裡，此後就閉口不提。

家族祕密纏繞曉芙腦中，她張大耳朵拼湊故事版本：當年媽媽懷孕之後倉促嫁給不知情的爸爸，爸爸健康檢查覺得事有蹊蹺時，對自己把屎把尿、無微不至照顧的兒子已經有感情，多年掙扎要不要去驗DNA。爸爸甚至懷疑曉芙不是自己親生的小孩。

曉芙猜測，哥哥和她大概是抽屜裡出現那些抗焦慮藥物的原因。如今，一切也只能猜測，無法確定真相。唯一知道真相的人問不得，只要曉芙一開口，媽媽的雙瞳就充滿殺氣。

。為了捍衛我們的幸福，我好努力

原生家庭壟罩著陰鬱氛圍，讓曉芙決定自己的感情一定要陽光普照。她要求感情的絕對忠誠、絕對坦白，容不得一點點雜質。因此剛開始交往的時候，她一定會跟對方說，希望彼此能誠實、坦白。對於這樣要求，幾乎每任男友都拍胸脯保證：

「沒問題。」

但是，後來這些男友們都被嚇到了。

因為曉芙從交往之前的開朗活潑大方，變成緊迫盯人。個人行蹤、兄弟打球或打牌，都一定要先跟她報備。唱歌聚餐有女生出現，她一定要在場。她會交出自己的手機密碼，也會同時要對方提供密碼，彼此設置定位追蹤。

兩人形影不離，這樣才不會有他人介入的機會。全心全意的專注，對方從一開始的受寵若驚，到後來覺得無法呼吸的窒息。曉芙的理論是：只要坦坦蕩蕩，就不怕別人質疑。發現對方有一絲疑點，她一定會追著問清楚：「為什麼你會在仁愛路停留二十分鐘，你去找誰？」

交往過的男友們受不了這種報備監視要求，漸漸地有些事情就不想多說，擔心一說就是打破砂鍋問到底的追殺。偏偏男友的沉默，讓曉芙更坐實自己的懷疑是對的，查緝更嚴格、追問更仔細。

「和妳在一起就像住在魚缸裡，一點隱私都沒有。」

「妳乾脆去調查局上班，每件事都要追根究柢。」

「妳有病！」

曉芙從不同的男人口中聽到類似的話。但她深信無風不起浪，任何蛛絲馬跡都不能輕忽，處處都可能有「另一個女人」的存在。她堅信別人威脅自己的感情，當然要來一個殺一個，來兩個殺一雙。曉芙從不認為自己有錯，她只是想要捍衛自己的幸福。

那天，男友傳來訊息：「妳生病了，去看病吧！我們不適合，分手對妳我都好。」

「我不會讓你離開的……」曉芙心想。

看看這道人生習題

一談戀愛就變了個人，彷彿生活重心只剩下對方。

曉芙的行為被戲稱為戀愛腦，腦筋被愛情占據，沒有辦法像平常一樣運作。

一旦戀愛腦發作，就出現嚴格監控、交代行蹤、共享密碼、對異性互動敏感等行為。這些都是親密關係裡的焦慮反應，適量時能提升愛情的甜蜜度，如同香料般為料理畫龍點睛。過量時卻會讓料理走味，愛情亦然。

曉芙對關係的不安而引發的嫉妒之意，讓她的愛情重複陷入甜蜜到發酸變質的模式。

人帶有醋意、嫉妒時，往往羞於承認自己的感受，並將這些惱人的感覺轉變為對伴侶的挑剔：「你為什麼多看那個人一眼？」、「你為什麼都心向著你家人？」、「你根本一點都不在乎我。」

這些質疑和不信任的話語背後，隱藏著渴求對方的高度關心。

未說出口的話語其實是：

「你為什麼多看那個人一眼？」↓「我想要你只專注在我身上。」

「你為什麼都向著家人？」↓「我想成為你世界裡最重要的那個人。」

「你根本一點都不在乎我。」↓「我需要你的關心。」

絕大多數的人沒有神通，沒有辦法猜心，聽不到沒有說出口的話。於是，為了平息對方的疑問，急著解釋事實的真相。但在對方聽來卻是反駁自己的感受、是在狡辯。解釋過程因為涉及更多細節，反而引發更多追問，彼此在問與答之間攻防，如鬼打牆般無法繞出迴圈，不僅沒有達到釋疑的效果，反而越說越糟。

一方接受不停盤問的進逼，從意圖安撫對方變成煩躁不耐；另一方從沒完沒了的質問裡衍生更多疑問，想要知道更多資訊、變得更加咄咄逼人，最後變成兩人的衝突。這下質疑的一方證實「果然有鬼」，於是想要再進一步求證。

衝突的張力逐步高升，把親密關係逼到懸崖。

嫉妒，讓你成為自己愛情悲劇的導演

關於嫉妒的情緒，古希臘神話裡諸神恩恩怨怨，幾乎是以嫉妒之心貫穿，最有名的就是宙斯妻子赫拉。她為了丈夫的背叛，嚴懲他的情人們及後代，甚至禍及無辜的旁人。

神話故事是人間鏡像，嫉妒這種複雜而強烈的情感，讓人理智斷線，做出極端的行為。那些情殺的社會新聞，斑斑血跡就多半是由嫉妒之火驅動。

嫉妒的情緒複雜。它來自於與他人競爭、比較之後產生的感受，揉和生氣、怨恨、難過、焦慮、恐懼、委屈，加上想要而沒得到的失落感等等。而且親密關係特有的獨占性、「有我無他」的排他性，使得與他人比較進入絕對狀態，造成強大的破壞力。

當嫉妒在內心發酵時，會讓人放大事件的細節，過度解讀線索。如恐懼伴侶出軌而緊迫盯人，將出現的異性都當成潛在的競爭對手，抱持著「寧可錯殺一萬，也不能放過一個」的態度。

面對不時產生威脅的對手，導致情緒又不穩定，只好反覆確認自己在情人心中的地位。「你愛我嗎？」的疑問心緒縈繞不絕。

嫉妒讓曉芙一進入親密關係就開始就變了，因為不希望他人有機可乘，對另一半嚴厲監控，試圖透過控制，預防任何情感災難的發生。可惜，這種「堅壁清野」的做法反而像在名為情感的土地上狂灑除草劑。雜草去除了，土地也一片荒蕪，讓感情失去生機。本想捍衛關係的行為卻變成了親密關係的殺手，對方不堪壓力而求去，最後落入自己一心想避免的結局，成為自導自演的愛情悲劇。

這一切，是因為親密關係裡人們不僅需要相互隸屬的濃情密意，也需要個人的自由空間。但是嫉妒驅使人們緊緊抓住對方，要對方全然屬於自己。一旦關係裡失去自己，那份窒息感會變成無聲的愛情劊子手。越想保住感情，卻讓對方越逃越遠。

。創傷，讓恐懼不斷惡性循環

在外遇的案例裡，有太多如曉芙這樣「自我應驗」的故事。因為恐懼另一半出軌而緊迫盯人，結果對方覺得受迫、不舒服，想敲破密閉空間吸一口氣，真的就投入他人懷抱，變成外遇。

曉芙害怕失去對方、恐懼孤獨，這些是她在親密關係裡的老問題。但她逃避正視自己的問題，反而將注意力放在對抗「潛在的威脅」。有句話說：「當你手上拿著槌子，就會到處都看到釘子。」長期處於受威脅狀態，使她不斷緊張焦慮，最終陷入內在的惡性循環。

曉芙這些焦慮不安的源頭，從何而來？

幼年時感受到的家庭溫暖、闔家歡樂的記憶，是曉芙一生中的重要資產，曉芙能夠平安長大，這一段時期的親情滋養應該有龐大的貢獻。不幸的是，家變所形成的衝擊，也需要漫長的時間修補。

家庭氣氛如空氣冷暖變化，身在其中雖然看不到，但一定能夠感受到。當父母關係疏離冷漠時，曉芙不知道發生什麼事情，但她感受得到氣氛轉變。父母關係無法對孩子隱瞞，越是要粉飾太平，越是壓力重重，如同看恐怖片一樣，眼前畫面並不駭人，但隨時會出狀況的氣氛，讓人神經持續緊繃。曉芙的焦慮源頭從這裡開始。

家變，讓曉芙的世界翻天覆地，安全不再。

曉芙父親離奇過世帶來驚愕，那些對死因的流言猜疑，對母親不忠的細碎謠言，讓她懷著自殺遺族的愧疚感，同時也有不知道該如何看待母親的矛盾。這些種種的折磨，讓她沒有辦法好好走過失去父親的哀悼歷程。

哥哥身世的揭露對曉芙更是重大一擊，遭到至親欺瞞，這股衝擊力道，將她對人們的信任連根拔起，父親的驟逝、母親的背叛讓內心受傷。

未解決的心理創傷，成為對關係的不安全感，她害怕他人碰觸自己內心的傷口，害怕再次受傷。這股不安全感更讓她不斷尋找潛在威脅，而每一次威脅的出現，都重演一次過去的傷痛。

曉芙迴避接觸內心的痛苦，但痛苦扎實地存在，那些意圖控制痛苦的表現，被當無理取鬧。因此，她的行為在他人眼裡看來是既任性且彆扭。綿延不絕的衝突讓彼此都感到疲憊，感情這條路注定走不下去，只能以分手告終。

一段又一段感情的不順利，磨損她對自己的認同，看輕自己的價值。隨著一次次戀情破裂，更難相信自己能擁有長長久久的感情關係。

缺乏自我價值感的人，就如底部有洞的水桶。舀水倒進破洞的水桶，再多的水也裝不滿。不管對方做得再多、用再多行動證明，因為無法相信自己值得被愛，仍舊會不安，還是憂慮、懷疑、擔心。越想抓緊對方來證明自己，越是導致關係破裂，再次證明自己的無價值。這一切如關係地獄，一層往下又有一層、再有一層。

水桶破了，應該先把破洞補起來，而不是舀更多水進去。內心受損的道理也是一樣的，應該優先處理的不是向外尋求慰藉、溫暖，而是應該先專注在自己身上，修復受傷的心。唯有等到傷口結痂，才有辦法感受與承接他人的善意。

如果你和曉芙一樣

好好照顧心理上的創傷，讓傷口癒合。這不是容易的功課，但是一定要做。嫉妒表現是你對外的反應策略，卻會讓你陷入關係困境，處在痛苦的輪迴裡。

以下四個步驟，幫助你調節嫉妒情緒：

步驟一、直球對決，承認自己就是嫉妒

用很多藉口來否認自己的情緒，用指責與批評貶低對方，來掩飾自己真實的感受。這樣做不僅沒有真正解決問題的效果，也會讓自己不好受。面對嫉妒情緒，最佳的處理方式是承認「對！我就是嫉妒」直接表達情緒，既能導向問題核心，也能夠釋放壓力，

步驟二、停止關心對方，轉移注意力

嫉妒是由競爭比較而來的，越是注意對方，不滿的心情越是高漲、危機感越是強烈。想像你有個「暫停鍵」，馬上按下這個鍵，強制自己去做別的事情，藉著轉移注意力，讓腦袋冷靜下來，找回理智的自己。

步驟三、聚焦在自己身上

培養自己的興趣，從生活中找一件小小的事情來練習，例如每天泡茶時，觀察

不同溫度泡出來的茶，口感上有什麼差異，或是不同茶葉有什麼不一樣的風味。注意微小的改變，注意自己小小的進步，給自己大大的鼓勵。

步驟四、練習感恩

每天寫一則感恩句，能夠提升幸福感和身心健康，也能幫助親密關係。不妨就用一句話感恩。

感恩句型：

我今天要感謝＿＿＿＿（人／事／物），因為＿＿＿＿，我從中得到＿＿＿＿。

以我自己為例：我今天要感謝正在閱讀本書的你，因為你的閱讀，我從中得到安慰，覺得自己努力寫作是有意義的。

如果你是曉芙的另一半

與容易吃醋、嫉妒的另一半相處，守住以下這些原則，能幫助彼此的關係：

深度傾聽對方。先不用急著解釋事實真相，反駁對方意見，而是試著理解對方的感受，表達你理解他們目前的感受。例如「我知道你現在很生氣，我也看到你很難過」。

安撫對方的情緒，而非試圖取悅討好對方。只想「取悅」對方，讓他們不要生氣，譬如「對不起，你不要生氣，我以後不會這樣。」反而會讓對方覺得你只是在敷衍，沒有誠意要處理問題。

安撫對方情緒是表達支持與理解，目的是坦誠溝通、解開誤會。譬如「我知道你不高興我和她講話，我知道了，以後我會注意。你可以放心。」

坦承一切。不要因為怕衝突，隱瞞可能引起不安的事情，而是要坦承自己的想法、感受。言行一致，答應的事情就要做到。做不到的事情，一樣要直接說做不到。不要給出模糊的答案，才能增進信任。

用肯定的話語溝通。不厭其煩地以言語肯定對方、表達你的愛意、給予安全感。譬如對方說，「今天太累了，晚餐吃外送就好。」肯定對方即使很累還願意想兩個人的晚餐吃什麼，可回答：「謝謝你，今天這麼累還願意傷腦筋幫忙點餐。」

除了自我練習之外，找尋適合的心理師提供專業協助，會有助於心理修復的效能與效率。

⊙**情感關鍵字：**

嫉妒、不安、缺乏自信、焦慮

⊙**行動關鍵詞：**

專注自我、建立信任、放下控制、深度傾聽、完成哀悼歷程、依附創傷療癒

沒有你，我真的不知道該怎麼辦

朱槿的故事

袋子裡兩支手機先後震動，朱槿覺得好煩！顫動的手機像頭被困在捕獸夾的幼獸，哀哀低鳴，直到無力之後才安靜下來。

朱槿拿起手機來看，男友和前陣子認識的朋友漢哥密集來電，LINE裡頭還有一連串留言未讀。這時，辦公桌上的電話攪局似地響起，電話另一端客戶一陣劈哩啪啦咆哮。

電話那端是難搞廠商，偏偏也是大客戶。主管特別交代所有資料出手前要確認，不能有任何差錯。結果，朱槿在金額的小數點處標錯位置，鬼遮眼般沒有看出異狀。

客戶的咆哮聲在耳朵迴響，朱槿想到明天主管猙獰的表情，雙腿就一陣發顫。

男同事見朱槿快哭了問她怎麼了，朱槿哽咽說出過程，同事安慰她並教她怎麼核實補救。過了一下子，她慌亂地說：「好複雜！怎麼辦？我一定弄不完。」她再向同事求助，同事過來一起坐在她螢幕前幫忙，沒多久她將手搭在同事握著滑鼠的手，嗲嗲的娃娃音留下一句：「沒有你，我真的不知道該怎麼辦。」然後她先下班離開去見漢哥。

半夜才回到家的朱槿一進門，男友急著問她：「妳跑哪裡去了，聯絡不到妳，律師等著要資料。」她嘟嘴含糊地說：「加班。」沒提到剛剛和漢哥見面的事情。

男友正在幫朱槿弟弟處理詐騙金錢糾紛，奶奶、母親向朱槿哭著說不能讓弟弟被關，要她不能見死不救。朱槿要男友出面處理，卻覺得男友一直要她提供一大堆資料，做這個、做那個，讓她覺得好煩。

面對弟弟官司需要處理與討論的事情，朱槿一如往常只說：「我沒意見，你決定就好。」

「這是妳家的事，妳兩手一攤，變成全部是我的責任。」男友氣惱地回答。

朱槿抿起她的嘴唇小小聲地說：「我又不是故意的。我就不懂啊！」

朱槿覺得男友的態度開始變了，轉而向漢哥訴苦，她柔柔弱弱的樣子讓漢哥為她義憤填膺，自告奮勇出面處理。漢哥找黑道，男友則透過地方政治圈朋友協調，黑白兩道攪在一起，結果對方要的和解金額越喊越高，事情變得越來越複雜。

說來說去，朱槿只有一句：「怎麼辦？」

。我不知道怎麼做，你幫我啦！

不知道從什麼時候開始，朱槿習慣大小事都要問別人的看法。「你覺得我應該……」、「你覺得我要不要……」、「這樣子好嗎？」

朱槿買衣服，多半架上全部顏色都試穿過一輪，仍拿不定主意要挑哪一件。有一次她猶豫不決三個多小時，店員不耐煩地指著紫色T恤說：「這件！」朱槿不喜歡紫色，還是乖乖買了。第一次穿出門，聽到朋友說「紫色是阿嬤的顏色」，就再也沒穿過那件T恤。

她改不了徵詢別人意見的習慣，別人說暗藍好看，她就不會選櫻桃粉，儘管粉色更襯托她白皙的皮膚。

同事約聚會，朱槿從來不曾拒絕。明明不喝酒不吃辣，別人邀酒攤、麻辣鍋聚會，她卻表現出很喜歡的樣子。其實，朱槿說不清楚自己喜歡什麼。為了配合別人，即使不喜歡，也會勉強自己去做。

小時候，爸爸媽媽忙著工作也忙著吵架，朱槿被送到隔著一條街的爺爺奶奶家。

爺爺脾氣暴躁但寵溺朱槿這孫女。小時候朱槿如果跌倒，爺爺會牽她的手去打地板，懲罰地板不乖。爺爺帶她到嘴唇很紅的阿姨家唱歌，那些阿姨們會給朱槿餅乾、糖果，有時還有冰淇淋。她們挨著爺爺身邊坐，爺爺把頭埋進阿姨領口低低的胸口，把手伸往大腿，阿姨們則尖聲大笑。

爺爺交代朱槿回家要說：「今天跟爺爺去公園玩。」朱槿點點頭。

比起爺爺的寵愛，奶奶比較嚴厲，還有一個比奶奶兇的大姑姑，她會抽查朱槿的作業本，錯一題打十下，打得屁股紅紅腫腫。她打人時會說：「我是為妳好，打在妳屁股上，但是我的手更痛。妳媽可以不理妳，可是我和妳都姓『朱』，不能把妳當野狗一樣不理。」

大人的話，朱槿似懂非懂，但「野狗」兩字卻再也忘不掉。

朱槿被打的時候，奶奶會在一旁幫腔：「小孩子就是要教訓才會乖！」朱槿告訴媽媽挨打的事。媽媽說：「在別人家，被打是妳自討的。」朱槿疑惑，「那我為什麼要住別人家，假日才能回家？」媽媽甩了朱槿兩個大大的耳光，教訓她不要多嘴。

朱槿學會了。不知道的事不要問、不要惹大人，聽話就對了。但是有時候，好像只有聽話還不夠。

有一天傍晚媽媽還在睡覺，朱槿和弟弟肚子餓，她鼓足勇氣問躺在床上的媽媽，可不可以出門買雞排。媽媽翻過身「嗯～」一聲。朱槿當媽媽答應了，從媽媽錢包拿出一張紙鈔，帶弟弟出門。他們邊吃雞排邊走回家，經過夾娃娃機時弟弟不肯走，兩人玩到天黑。回家的路跟來的時候長得不一樣，兩人最後被警察帶回家。

顧不得警察在場，媽媽衝上來就甩朱槿兩個耳光：「妳死了就算了，還要害妳弟弟。小小年紀偷錢翹家，沒教養。」大姑姑聽到「沒教養」三個字，衝到媽媽身邊大吼：「妳什麼意思？我們姓朱的是妳能動的嗎？」媽媽不甘示弱地推開大姑姑，卻被反手扯拉頭髮，奶奶在一旁大喊：「哎唷，哎唷，救命喔！」警察出聲遏止，現場亂成一團。

兩頰麻痛的朱槿愣在一旁，不知道現在可不可以動。

最晚回家的是爸爸，看到一片狼藉的客廳，一連串的「幹你娘」、「臭G八」飆罵，大腳踹向媽媽。警察又來了。過了一陣子，媽媽離開家住到一個叔叔家。

朱槿學到了，不要做決定就不會出錯。

我只能依賴你，你幫我啦！

到了今天，朱槿都在想那天如果不帶弟弟去買雞排，爸爸媽媽會不會還在一起？

「不要有自己的想法，擅自做主會闖大禍。」她記下來了。小時候的事，記憶早已模糊，但她還記得紅嘴唇阿姨說：「妹妹啊！以後不用太精明，才會有人疼。」

朱槿學到不要有意見，反而有人會將事情打點好。

漸漸地，朱槿瞧不起辦公室那些每天加班到半夜的女生，覺得她們笨，為什麼要把自己弄得那麼累。不過她不會直接講出來，反正她們也不當她是朋友。

男人才能成為朱槿的朋友。有男人給她信用卡附卡，她不知道怎麼拒絕就拿來刷；有男生朋友載她去汽車旅館，她上車同行。

朱槿與人交往時隨和無意見，完全依賴與信任的態度讓對方覺得自己超級重要，在她身邊是保護弱女子的英雄。隨著交往時間增加，慢慢發現她如迴聲器，談話時總是將對方的聲音再反彈回去，裡面沒有自己的想法或意見。多半的事情，她都需要對方去做。

男人漸漸開始出現壓力，對這樣的生活感到疲憊。不僅要處理自己的生活和工作，還要負擔朱槿的部分。於是漸漸對關係不滿，脾氣越來越差。更傷神的是，吵架也難吵起來。聽到指責，朱槿只會低頭說：「對不起嘛！」

朱槿感受到男人受不了，瀕臨邊緣時，總能無縫接軌找到下一個人。被罵綠茶、被罵心機、被罵賤，她覺得好委屈，心想：「我又不是故意的。」

「為什麼我這麼聽話，卻沒有人願意愛我？」朱槿不解。

看看這道人生習題

植物界有「絞殺」現象，一些弱小的植物可攀附在更強壯的宿主身上，逐漸纏繞在宿主枝幹上汲取養分，爭取陽光。被纏上的樹木，最後因為缺乏養分而內部腐爛中空衰亡。無法行走，卻能進行謀殺，贏弱的一方成為勝者。

朱槿談感情的樣子，讓人聯想到「殺手樹」，柔弱無能卻讓對方無招架之力。可惜感情世界和植物生態不一樣，朱槿沒能成為勝者。

◦為什麼我聽話，卻沒人願意愛我？

朱槿的強烈依賴是怎麼一回事？

人的性格養成往往綜合先天及後天因素，先天部分如高敏感個性，後天部分則如環境、教育的影響。而穩定性格的重要關鍵，就是成長過程有個安全的依附對象。可靠的依附對象能讓孩子在具有安全感的環境下摸索學習，嘗試從失敗中修正，透過不同的經驗，累積出能力，也建立自尊、自信，逐漸獨立自主。

回溯朱槿的成長，父母親在她幼年時「存在卻缺席」，將教養的責任交給隔代的爺爺奶奶，父母發揮功能的地方有限。而爺爺過度溺愛，讓她失去體驗與練習的機會；奶奶與大姑姑的嚴厲，讓她莫衷一是，不知道該依循什麼樣的標準。

朱槿的成長歷程中，不僅應有的需求沒有被滿足，更有未被療癒的心理傷害。迷路造成的風波，讓朱槿將家庭問題歸因到自己身上。

對孩子來說，迷途驚惶時的他們需要有人關心：「害不害怕？發生什麼事了？」徬徨失措時需要有人安慰：「沒關係！安全了不用怕。」她卻迎來巴掌與辱罵，突如其來的衝擊，讓她部分情緒在那一刻凍結了。

面對危機時，人類的生存反應是或「戰」或「逃」或「僵」。當時的朱槿太小，沒有反擊的力量，也沒有逃跑的可能，戰與逃只會帶來更大的災難。在大人彼此攻訐衝突場面裡，小孩為此嚇呆、僵住。

孩童僵住時，大人袖手旁觀置之不理，這會讓孩子內心充滿挫敗，負面情緒阻礙學習，進而影響到社會化，停滯在幼稚的狀態。

「不要提出意見，就不會引起事端，聽話就沒事。」這樣的方法小時候有用。隨著時間推移，只會聽話將導致缺乏自己動腦、自己動手做的經驗。這時，同儕正在積極吸收與成長，一來一往，自然越來越脫隊，變得更加依賴。

。依賴是好也是壞

戀愛初期，強烈的依賴需求能讓情感增溫。

「你不能沒有我，我也不能沒有你」的雙方，迅速覺得彼此密不可分。即使戀愛激情減退，適當地依賴對方仍可以讓伴侶因為被需要，覺得自己是重要的，並維繫住兩人的連結感。

能夠展示脆弱與無助的人，容易吸引到有保護欲、照顧欲的另一半。依賴的行為剛好滿足對方的保護需求，因此更加願意投入關係。需要與滿足互相契合，讓兩人之間創造出互補關係。

不過，如果只是單方面且過度的依賴，帶來的好處通常是短暫的。時間一拉長，美化對方的玫瑰色濾鏡失效之後，過度依賴所產生的甜蜜蜜錯覺，只會逐漸成為負荷。

「從今時直到永遠，無論是順境或是逆境、富裕或貧窮、健康或疾病、快樂或憂愁，我將永遠愛你，珍惜你，對你忠實，直到永遠。」愛的誓言道盡情感之間的羈絆。但是，若一段感情充滿「這是愛情還是依賴？」的困惑，警訊就開始了。

。為什麼依賴你，卻迎來失衡的愛情？

愛情是一種動態的關係，那些最初讓人受到強烈吸引的特質，隨著時間推移，也可能成為令人無奈甚至產生怨懟的痛點。

依賴對親密關係的影響如藥物，適量可救命，過量卻足以致命。

單方面過度依賴，會有一方負荷過量。就像登山時把個人的裝備全部交給隊友，既不做功課也不做訓練。一肩扛起營帳、糧食、裝備的隊友，同時負責領隊。久了不堪負荷，就會開始覺得：「好累喔，怎麼都是我在出力。」、「我是不是工具人？只是被利用？」有時即使心有餘，力也會不足。

一直倚靠他人，會長期習慣附和對方而沒有自己的觀點，也無法分享真實感受。這讓本該雙向的交流成為單向道，這種隔閡讓對方無法感受到兩人之間真正的親密感與內心交流，生活淪為只剩下處理事情的索然無味。

一味依賴對方的人，並非如表面上看來般輕鬆，他們放棄個人興趣、事業、價值觀等，將所有一切都寄託在他人身上，「沒有你，我活不下去」、「只要有你，什麼都不重要……」潛意識卻期待對方全心全意只為自己，不管對方的想法立場態度是什麼、不能有自己的空間，兩人得是一體。但他人並非自己能夠完全掌控的，無法控制的情境讓人焦慮，長期下來更顯疲憊不堪。戀愛越談越不迷人。無法獨立自主的情境，更日漸減損自我價值，日子過得既焦慮又不安。

沒有經驗累積當底氣，自信不足，不能接受沒有另一半來支撐。比誰都想要有人疼、有人愛。為消弭內在空洞焦躁的不適，如溺水之心見到浮木就抓，需要隨時有人填補愛人的位置。於是更加緊緊地依賴在對方身上，又因此更沒有自尊。

各種因素交錯影響，讓他們在親密關係裡的樣貌變得極其矛盾。為迎合對方，竭盡所能委屈自己也沒有關係。另一方面，行為看來自私且任性，彷彿對方是用完即丟的工具。

「殺手樹」攀附是為了爭取生存空間，而不是殺死對方。親密關係裡的過度依賴也是，是為了讓自己被愛、被照顧，但是最後卻扼殺了關係。朱槿沒有意識到這個關聯，而一再讓關係陷入困境，最終形成「依賴－沒自信－更依賴」的惡性循環。

困住朱槿的是「覺得自己沒有能力」的感受，而不是真的做不到。

要突破困境，需要勇敢打破依賴的惡性循環，才能讓自己扎根成長，成為真正的大人。唯有擺脫對自我能力的懷疑，走出依賴的牢籠，擁抱更成熟、獨立的自己，才能開啟健康關係的新篇章。

如果你和朱槿一樣

寧可相信別人的選擇，卻不相信自己，這種感受很折磨人。試著透過以下三個步驟，擬定一份自立自強計畫，讓自己脫離這惱人的漩渦：

步驟一：練習自己做決定

從小小的選擇開始，不論多小都可以。

例如：到手搖飲店選一杯沒有喝過的飲料，自己決定要不要加糖、要加多少冰塊。做完決定後，想想「我為什麼要做這個決定？」例如：因為今天天氣太熱，冰塊多一點能降溫。記錄「做了這個決定，我的感受是什麼？」例如：能喝到自己點的飲料，不用配合別人，感覺有點小小高興。

步驟二：練習說「不」

改變慣性，不再為了獲得他人的關心，或是不想得罪對方，即使自己沒有意願，也不敢拒絕對方。要獲得關心，不一定要迎合，適時說「不」反而能保護自己，獲得他人的尊重。先從對著鏡子練習開始，想像你要拒絕的情境，然後對著鏡子說：「對不起，眞的沒有辦法。」、「謝謝，我不行。」接著，找朋友、家人模擬練習。接著再依照人際關係親疏遠近實際情境練習。例如：陌生人向你推銷，或請你填寫問卷時，開口說：「謝謝。我現在沒有空。」日常生活中，若還無法直接面對面開口拒絕，先用文字表示拒絕之意，降低焦慮感。

步驟三：找到自己的重心

將目標寄託在他人身上，會讓生活失去方向，覺得徬徨或迷失。重新聚焦在自己身上，思考一些對自己重要的問題，例如：

「我最在乎什麼？」

「做什麼事情讓我感到滿足？」

「和什麼人在一起我會覺得快樂？」

將時間花在自己覺得重要的人事物，培養自己的興趣和愛好，然後體會一下這樣的感覺。如果是自己想要的感受，可以怎麼維持？讓這股感覺能夠持續與擴充。

如果你是朱槿的另一半

另一半強烈依賴著你，讓你覺得很矛盾。有時你覺得自己很重要，卻也常常無法體會對方的心意，懷疑自己只是工具人。與這樣的另一半相處，一直援助對方是相當耗能的。這段感情最終更可能無法延續，造成雙輸的局面。

你無法承擔另一個人的人生，但可以給對方「有效能的愛」，秉持「給釣竿，而不給魚」的原則，從小處著手幫助另一半建立信心。具體的做法可以有：

一、鼓勵對方表達意見

例如對方問你：「晚餐要吃什麼？」不要直接給答案，而是請對方提出想法。當對方說：「都好」、「隨便」、「都可以」時，鼓勵對方提出方向，譬如「吃飯？」或「吃麵？」一旦對方能夠說出大方向，再循序漸進讓對方提出更詳細的意見，例如蛋炒飯、排骨飯。鼓勵讓對方習慣自己做主。

二、肯定對方的微小改變，不管多小都值得鼓勵

幼兒的小腳丫跨出第一步時，父母的狂喜彷彿那一步比人類第一次登陸月球那一步來得偉大。對自己沒有信心的人所做出的小小改變，就如同那小腳丫邁出的每一步般得來不易，具有非凡的意義和價值。

因此，鼓勵與陪同對方參與，再讓對方獨立完成，體驗完成事情的成就感。對方央求你幫忙，記得先判別是否非要你不可。將你我的界線劃分清楚，不關你的事情不要干涉。這也是在示範何謂界線。

如果一定要你幫忙，別忘了邀請對方一起參加，用陪伴的態度一起完成。如此一來，可以讓對方體驗完成一件事的成就感，並增加心裡的滿足感。

⊙情感關鍵字：

空虛、自卑、空洞、焦慮、不安全感

⊙行動關鍵詞：

不過度迎合他人、建立安全感、避免過度行善、避免過度依賴

她在異地全力以赴，
不敢忘記自己從小一直被提醒的：
「比妳聰明的人，連妳睡覺時都在努力。」
所以她一天工作十九小時，就怕輸給別人。

Part 3

工作不是人生的全部？

——職場關係

表現要更好，主管／爸媽才會看到我！

茉莉的故事

茉莉帶著興奮的心情點開公司人事令檔案，赫然見到 Peter 被拔擢升等。她瞬間發麻、腦門衝血，直接殺進副總辦公室。

隔著玻璃門，辦公室的同事仍然可以聽到她拔尖的音量，大聲問：「我有哪一點比他差？他有哪一點比我好？我哪個項目沒有做好？哪一點沒符合？我即使確診也每天都在線上處理公司的事情，我有抱怨過一聲嗎？」

聽著茉莉的咆哮，主管嘗試安撫茉莉，但任何回應都讓她的怒火燒得更旺。

「為什麼？為什麼？為什麼？你說，我只要一個理由就好。」茉莉抓狂，在主管辦公室內大吼，但主管把門打開，示意同事進來將茉莉帶回座位，讓她先靜一靜。

茉莉走到辦公桌用手臂把桌面的東西全掃進包包裡。桌子正前方放著「年度績優員工」水晶獎座，她用手狠狠掃到地上。

茉莉沒有再回到那個座位，連離職手續都沒去辦。

有著「拚命三娘」封號的茉莉，職業生涯總會出現毀滅性瞬間，就像有個裝置，定時將她累積的成果炸得蕩然無存。

第一份工作，富有正義感的茉莉，看不慣大主管縱容資深同事欺負菜鳥。她為同事伸張正義，最後被叫離開的人卻是她。之後，她的工作運開始在毀滅與重建之間輪迴。幾輪下來，茉莉累了。

剛跳槽到這家公司時，朋友一再提醒茉莉：「妳也老大不小了，不管遇到什麼鳥事都要忍住。」茉莉點點頭，她也不想重頭來過。

一開始她和主管配合得很好，每季都是績效冠軍。但是 Peter 轉到她所屬部門之後，一切就開始變了。

Peter總是咧著嘴露出花了三十幾萬打造的美齒，晶亮閃耀。年輕的女同事暱稱他「歐巴、歐巴」，主管和他常常有說有笑。

主管說茉莉是戰將，是自己的左右手，要Peter多向茉莉學習，也要茉莉多照顧Peter。這樣過了半年多，兩人合作展現出一加一大於二的績效。私底下，茉莉見到Peter那肯尼式的陽光笑法就覺得噁心，覺得這個人假到不行。

主管要晉升到集團母公司，所有人都說接任人選的位置非茉莉莫屬。主管幾次出錯時是茉莉出面扛責任，主管也暗示會拔擢茉莉。結果Peter破格拿下職缺。

茉莉覺得被主管利用了，她向朋友抱怨：「我夠蠢，掏心掏肺、賣肝，贏不過那個塑膠玩偶。承認吧！就是偏心。說什麼會升我、在乎我，都是狗屁。」說著說著，茉莉已經分不清楚這些話是要說給誰聽。

有一瞬間，她腦中浮現出媽媽。

想到自己之前的努力，氣頭上的茉莉突然感到羞恥。她發現不管再怎麼拚命，自己注定不是大家要的那一個。

◦我好努力，就只是想要你看看我

茉莉是家中老么，親戚口中「多出來」的那一個。

當年爸媽意外懷孕。孕期七個月，爸爸的工廠突然倒閉，家裡遭查封，安穩的小家庭一夕崩解。

「工廠倒了怎麼顧這三個孩子，養得起簡直是笑話。別人的小孩是財，這個小孩帶衰，留不得。」外婆說茉莉來的不是時候，媽媽也想拿掉肚子裡的茉莉，但因為忙著處理工廠倒閉的事情，導致周數過大。她詢問過大小醫院，甚至連密醫都問了，沒人願意冒這個險。

在沒有人願意出手的情況下，茉莉誕生了。

還沒滿月，茉莉被直接送到離島的阿嬤家，這是幾番折騰下的折衷方案。阿嬤當時已經幫離婚的大伯父帶兒子，現在多一個襁褓中的小茉莉，不想送人養，只好咬著牙硬接下來。

茉莉哥哥、姊姊還小的時候，阿嬤曾說願意到台灣本島幫忙照顧小孩。但是媽媽不想和婆婆一起住，嫌棄阿嬤是鄉下人沒水準。現在照顧小茉莉是個問題，媽媽不得不低頭。兩代女人心裡都有些疙瘩。

海島的冬天被東北季風環伺，夏天豔陽燙人。茉莉陪阿嬤在蚵殼堆旁穿梭，等堂哥放學回來一起玩。大伯父接堂哥回本島之後，阿嬤跟小茉莉說：「妳上小學，妳的爸媽就會來接妳回去。」小茉莉巴巴盼望著趕快長大。

有一年除夕爸爸媽媽帶著哥哥、姊姊回來過年。姊姊留著長長的頭髮，夾了一只小蝴蝶髮夾，走起路來蝴蝶翅膀一顫一顫，小茉莉認為，姊姊是全世界最漂亮的女生。哥哥則板著一張臉從來不說話，甚至不看她一眼。茉莉無所謂，她只是一心專注振翅欲飛的翅膀。

蝴蝶飛走了，茉莉留下來繼續吹海風。

小學三年級，茉莉終於被接回家。姊姊的頭髮還是長長的，她嘟著嘴抗議，說不要和又黑又髒的茉莉睡同一個房間。哥哥仍然不開口。

學校同學笑茉莉奇怪，把她的課本藏起來。媽媽在她的學校教書，但是茉莉下課不能去找她，見面要刻意保持距離。即使不小心碰到媽媽，只能喊她一聲「老師」。

開學一個月後，媽媽發現茉莉許多數學題不會。她嚴厲地問茉莉上課都在幹嘛？怎麼什麼都不會？茉莉怯怯地不知道如何應聲，她根本不知道媽媽在氣什麼。茉莉是真的不會，因為老師問不會的人舉手，她看到沒有人舉手也就不敢舉。同學都會了，老師就沒教。她從來沒有學過。

「你媽把她教成一個白痴。我堂堂一個王牌教師怎麼會有這種白痴女兒？」媽媽和爸爸吵架的時候這樣說。「我不是白痴！」茉莉不自覺地喊出來，心想「白痴會流口水、會全身髒兮兮」。海島村子裡有個叫阿喜的女人，她會一個人傻笑，有時嘴角還會流口水，頭髮則是糾結成一塊塊。有些男生會作弄她，阿喜生氣起來會「ㄨ、ㄨ、ㄨ」地叫。

在只有車沒有海的城市，茉莉想念阿嬤。

媽媽說阿嬤沒有水準，不准她私下跟阿嬤聯絡。茉莉默記阿嬤的電話，在家附近探險一段時間，才找到一台公用電話，放學後偷偷踮著腳尖打給阿嬤哭著說：「阿嬤！妳來接我。」阿嬤哽咽回：「莫哭（mài khàu）！莫哭！」

哥哥、姊姊學了鋼琴、圍棋、打擊樂、舞蹈、跆拳道。茉莉說想學，媽媽沉默幾秒後說：「再等一等。」大家都去補習、學才藝，下課沒有人理她，還好有電視。

茉莉看到電視播《佐賀的超級阿嬤》（佐賀のがばいばあちゃん），主角昭廣想學劍道、柔道……阿嬤太窮，沒有錢讓他買護具、繳社費。昭廣一再纏著阿嬤，各種建議得到的答案都是不行。直到他提到跑步不用花錢。

「那我就跑步吧！」茉莉學昭廣，每堂下課都去跑操場。跑步不需要伴，同學理不理她都無所謂。學校運動會時，茉莉囊括田徑類的各式獎項。體育老師問茉莉要不要轉學到有田徑隊的學校當選手。幾乎不管孩子的爸爸，這次反常開口說：「已經長成那樣，還把腿弄粗能看嗎？」

但是跑步讓茉莉的腦袋突然打開，成績開始變好。沒有人知道茉莉自創運動記憶法，她一邊跑步，其實一邊也在背單字。

從此「品學兼優」、「五育俱進」獎狀不斷，成績單越來越亮眼，媽媽對她的態度稍微沒那麼嚴厲。只有好成績才會被當一回事，茉莉第一次感覺「原來我沒有那麼差」，寒冬中終於有一絲暖風。姊姊說她愛現，說她長得醜又愛出風頭，想吸引大家注意。

姊姊說的沒有錯，她想吸引人注意，那個人叫媽媽。所以，茉莉不能輸，輸了就沒人要。

哥哥、姊姊很輕易就能得到媽媽的原諒與讚美。但是茉莉一不小心，她的努力就會遭到忽視、一不小心她的心意就會被辜負。茉莉很用力地緊緊抓牢著。她無法向家人開口，也清楚知道自己不會有任何支援，她只能為自己戰鬥。

。為什麼我都是被捨棄的那個？

在工作上拚命，遇到欣賞自己的主管，茉莉可以連命都不要。士為知己者死，茉莉完全可以體會這種心情，而她的投入也多半能與主管建立緊密而深入的關係。但最後總是會有人半途殺出，破壞茉莉效忠的執迷、總會有人橫空出世剝奪主管對茉莉的信任感。

Peter 出現前茉莉是主管愛將，主管要茉莉幫忙帶他，有點主管預備班的潛規則在。主管說：「我們部門就像個大家庭，彼此相互照應。」

茉莉的確花了不少心思教 Peter，主管越來越常在會議中公開讚美 Peter 的提案。但是在一次與客戶簡報的過程，茉莉發現 Peter 完全套用自己的想法，可是整個過程中絕口沒提到茉莉的名字。

「你是小偷，把我整份簡報抄過去。」茉莉直接找 Peter 理論。

「妳搞清楚。光憑這句話，我就可以告妳毀謗。」Peter 聳聳肩轉身離開。

在辦公室裡，「茉莉潑 Peter 髒水」這樣的耳語如夜市裡的老鼠，不經意地偶爾竄出。沒有人向茉莉求證，嚼舌根的倒是不缺。

這種情形不是第一次。茉莉想到自己曾有一個寶貝南瓜橡皮擦，是媽媽從學校活動帶回來的一袋文具。媽媽要他們兄妹自己分，南瓜橡皮擦是哥姊挑剩後不要的，茉莉卻愛得不得了。放在鉛筆盒內捨不得擦。南瓜是馬車，乘載茉莉的夢想。

但是有一天茉莉怎麼找也找不到。她看到東西在姊姊那裡，鼓足勇氣要討回來。姊姊卻說：「我只是那時不想要，現在我要，我拿回來。」茉莉不肯讓，姊妹倆吵起來，姊姊拿起小刀要把南瓜切成碎塊。茉莉衝過去搶，結果姊姊自己被小刀割傷。

當晚媽媽二話不說，甩了茉莉十幾個巴掌，責問她怎麼敢動刀。茉莉被推到門外後，媽媽重重地關起大門，把她關在門外到深夜。

長大之後茉莉跟媽媽提到這件事，希望可以獲得一句道歉。媽媽卻回說：「怎麼這樣小心眼，一塊橡皮擦記到現在。」在聽到主管用「妳要想得遠一點，不要拘泥在這種小事上」的理由來解釋 Peter 的升職，意外翻出這段已經忘記的往事，一切如被打翻的廚餘桶，餿酸味四溢。

茉莉覺得自己再怎麼努力都是白費。她躺在床上睡了醒、醒了睡，直到再也睡不著。

手機訊息聲吵醒茉莉，她隨手拿起來看，是則有天人菊圖樣的廣告。茉莉愣了一下，忍不住嚎啕大哭，回過神後訂了一張機票。

阿嬤已經不在，但海島還在。茉莉想回到那有風有海的地方，想想日子可以怎麼繼續下去。

看看這道人生習題

沒有被疏通的情緒就如沒有癒合的傷口，即使表面沒事，某些時刻還是會滲血紅腫或慢性發炎。麻煩的是，當事人並不知道未解的情緒作祟，滲透破壞自己的生活。若是提醒，他們還會覺得「已經是幾百年前的事情，怎麼可能有影響？」

沒有過去的情緒，就是沒有過去。

日本著名的出版人見城徹在六十八歲時出版的書裡提到，在小學五、六年級時，他的級任老師佐佐木不喜歡他，在他身上貼「完全沒救」的標籤。提到這段往事，見城徹說：「佐佐木老師雖然已經過世，我當時的不甘心至今卻未曾消失。」

童年遭受汙衊的委屈，讓見城徹懷著不甘心的心情長大。但是，他了然於自己的不滿，明白自己那一股不甘受辱的怒氣。這把熊熊烈火成為他後來事業成功的推力之一。已經成為知名人物、具有社會地位的他，寧願冒著被指責為沒風度、小心眼的風險，也要用成功之後的影響力公開宣洩情緒，為當年的自己討回公道。

如果茉莉和見城徹一樣意識到自己的委屈與不甘，她就能少走一些冤枉路，但是她的心情被深深埋藏，深到連自己都幾乎忘記。童年沒有得到認同與接納，使得她無意識地不停追求認同。

和茉莉一樣的孩子不少，有的還會說服自己：「發生在我身上的事情沒什麼大不了的。」要自己「別在乎」，甚至有人會拿「這有什麼，還有更慘的人」來說服自己。這些沒有機會被好好梳理的情緒，伺機發酵，產生後遺症。

靜下心來鳥瞰自己的生命史，會發現雷同的事情，反覆在相同地方卡住變成模式。平時人們多半很難意識到自己的模式，直到這些造成大問題，夠痛反而是讓人不得不正視的契機，開始觸動到過往的深層情緒，一旦有勇氣正視問題，就能找到可以解開的結。

。童年失去的，要用一輩子來補償

理解母親的生命經驗，能幫助茉莉了解自己遇到了什麼。

母親懷茉莉時被財務壓到喘不過氣，從受尊重的教師變成欠債的人，只能在生活中求取最基本的生存。委屈與驚慌可想而知，因此這時的新生兒變成「來的不是時候」的累贅。

自己沒辦法照顧小孩，為孩子尋找安身之處，是當下能做的最好選擇。迫於無奈的現實，茉莉母親向相處不睦的婆婆求助。就算婆婆沒有意見，向自己瞧不起的人低頭，對自尊心強的人來說總是帶著屈辱感。

沒有選擇的時候自尊不值錢，可是屈辱感讓人難受，為讓自己的認知協調，小孩變成怨懟犧牲品。她用情感切割來自我防衛。她告訴自己：這孩子是多餘的，將孩子看得越輕，越不會難過。切除對這孩子的情感，就不會有向婆婆低頭的屈辱，還能迴避拋棄孩子的罪惡感。她用這樣的方式，度過生活難捱的時刻。

而茉莉的經驗又是什麼？

幼年時離開父母身邊的人，常會懷疑自己是否被拋棄，並帶著這樣的不安度日。

日本文學大家川端康成陰鬱寡歡，後人從心理學領域研究發現，這和他的童年不安全依附經驗有關。即使他得到諾貝爾文學獎桂冠，龐大的事業成就仍舊無法填補惶惶不安的抑鬱心情，最後他以自殺告終。

茉莉幸運地有阿嬤成為穩定的情感依附對象。與阿嬤離島居住的生活，讓她在家庭財務風暴時期遠離壓力源。祖孫建立的良好關係，這種穩定力量是爾後茉莉能面對環境變化與挑戰的重要基石。曾經的穩定經驗，讓她不至於如無根浮萍漂散。

茉莉離開阿嬤回到有父母的家，有與主要照顧者分離的失落，也有終於與家人大團圓的歡悅。這個時間點，本來是茉莉父母彌補親情的最好時機。錯過的那些年親子互動時間，用心的話仍可以連接起交流渠道，畢竟渴望親情是孩童的天性。

童年失去的或許要用一輩子來填補。但若能在關鍵時刻及時彌補，依然有改變的可能。

然而，茉莉父母疏於照顧茉莉的心情，父親的疏離與母親的嚴厲，將茉莉隔絕在親情溫暖之外，一再錯過幫女兒修復早年情感缺失的機會。因此，在手足之間爭取被父母看見，成為茉莉想要獲得重視的本能反應。

對子女而言，父母有沒有公平對待為什麼這麼重要？

在台灣，春天的時候，騎樓屋簷下常可以見到燕子窩，雛鳥擠在巢裡，一聽到動靜就探出頭，張著大大的嘴，嗷嗷待哺等鳥媽媽餵食。如果鳥媽媽「不公平」少餵某一隻，沒吃到食物的雛鳥，就沒有機會活下去。

父母對子女態度的公平與否，對子女而言，就是如活命般的重要。它牽涉到生存資源的分配優劣，更直接影響到生存能力、帶來安全感的多寡。

公平態度如空氣，存在時是理所當然，但不公平時，遭受差別對待的人一定很有感，因此日後會特別敏感於公平正義與否的議題。

茉莉特別在意公平與否，與她的手足經驗有相當大的關連。也讓她產生「好的表現能獲得認同，有競爭就要勝出，贏才有價值」這些信念。

。老闆如果不是最愛我，就是不愛我

茉莉無意識地在職場上替弱勢出頭，其實是在補償自己沒有得到的。

然而，職場裡的是非公道本來就難一眼看清，義憤填膺為人兩肋插刀出頭，最後受傷的反而是自己，這樣的案例比比皆是。

職場由資方訂定遊戲規則，所謂的「公平」端看從哪個角度切入。「換了位置，就換了腦袋」，公平的認定沒有絕對標準，堅持自己的正義才是正義，工作裡勢必衝突不斷。

與主管的關係是決定茉莉職業生涯成敗的罩門。成功來自於主管的支持，失敗也是因為與主管鬧翻。她與主管的互動關係總是先熱後冷，拚命取得肯定之後，又在組織內產生矛盾，最後自己憤恨離開。

茉莉工作時不顧一切地表現，比起取得成績，更大的誘因是主管的掌聲。職場上，主管是權力來源，父母則是生命中最早的威權。茉莉將主管當成家長般，期待獲得對方的肯定。在意自己的表現在主管的眼中看來如何？有沒有符合主管的期待？

主管變成是茉莉效命的對象，愛惡情緒牽動著她的投入程度。一開始，這樣絕對忠誠與付出的投入，能快速獲得信任、贏得肯定。但是當有其他成員加入，有人來搶愛的不安就會造成威脅，將對方視為帶著敵意的競爭對手，更無法心甘情願伸出合作之手。

基於保護自己的本能，對於本該合作的夥伴也會小心提防。兩個人諜對諜互相攻防，難以建立信任，更不用說和平共事。

職場是既競爭又合作的地方，一味地求競爭拚輸贏，會變成孤獨的戰狼。如果是只講求績效，業績掛帥的工作性質，這樣的特質會被肯定與強化；如果是講求團隊合作氛圍的環境，過度強烈的競爭意識，則會被當成影響整體績效，是不合群的表現。

茉莉一個人時可以表現得很好，但要競爭主管職位時，就顯得吃虧。

「老闆如果不是最重視我，就是不要我」非黑即白的二元式分法，讓茉莉一旦覺得不在最重要的位置，就出現如同被遺棄的感受。為了不要嚐到這種被遺棄般的極端難受滋味，茉莉斷然直接切八段離開。因為不往來，就不會有這些痛苦。

職業生涯是需要累積的，一再重頭開始，先前的努力只好付諸流水。追求權威的認同，讓茉莉職涯陷入發展漩渦，失去太多本可發光發熱的機會。茉莉需要回頭照顧當年惶恐懇求被接納的少女，釋放當年的恐懼，如此才能跳出漩渦，發展新局。

如果你和茉莉一樣

先試著了解，為什麼自己這麼需要主管的肯定，是過去的經驗所致？畏懼對方權威形象？擔心失去機會？還是其他種種問題……

認清原因是改變的第一步。了解原因後，才能針對性地改變。

關於家庭經驗所產生的影響，請再三告訴自己：職場不是家庭，主管不是父母，你們是工作夥伴。清楚區分工作上和個人層面感受。主管的態度並不直接定義你的價值，不用特別渴求威權肯定，變成討愛的孩子。

幫助心中那位被冷落忽略的少女。也許你覺得那麼多年前的事情，還有什麼好過不去的？再談當年有什麼用，又改變不了事實。然而，儘管年紀增加，內心傷口如果仍舊沒有癒合，就不會真正長大。

釋放過去的情緒，理解自己受過什麼苦，練習放下過度反應，卸下內在沉重包袱，進而達到改變的效果。

「時光回溯法」這項技巧，讓你練習接觸到不同年齡時的自己，深度認識自己，然後肯定自己。

「時光回溯法」步驟：

步驟一、拿出一張紙，用筆畫出一條線，代表著你的一生。
步驟二、標示出現在的你幾歲。
步驟三、將過去的時間以每三年分為一個時區，記錄這三年發生了什麼事情？
步驟四、每三年的時區內，記錄這時的生活裡有哪些重要的人？
步驟五、針對每一時區內的事件，記錄當時自己的心情為何？
步驟六、一次選擇一個事件，想像「現在的你」會對「當時的你」，說什麼？
最後步驟：每一次的練習都要告訴當時的自己，「**你當時已經做到最好了**」，告訴自己「**我愛你**」。

如果自己執行時，出現過於強大的情緒，或是無法進入狀態，請找專業的心理師協助。本書附錄有許多練習，也可以幫助你多認識自己。

如果你是茉莉身邊的人

如果你有像茉莉這樣的下屬：

遇到如茉莉這樣的下屬，要先恭喜你！他們會把你的話語看得比什麼都重要，會認真將事情做到完美。

在工作時適時讚美他們，這會成為他們重要的能量。他們可以一個人孤軍奮戰到底，但一定要讓他們知道你會當他們的靠山。不要將他們的付出視為理所當然，如果他們覺得自己不被當一回事，撤退的速度會比誰都快，而且易由愛生怨。

他們要的東西很簡單，無非就是你的肯定。所以，不要讓他們覺得你偏心於他人，偏心會讓他們認為自己被捨棄。所以請傾聽他們的想法，溝通再溝通，這些都是很重要的。

是不是有升遷並不是他們最在意的事情，而是有沒有被重視、有沒有被尊重。凡事先商量，他們是好商量的員工。肯定再肯定，你會得到超乎預期的滿意表現。

如果你有像茉莉這樣的主管：

有茉莉這類型的主管，相處時要避免投入過多私人情感，因為他們關心上級多過於下屬，如果你過於期望他們的支持或理解，會因失望而受挫。

你可能會覺得他們對上司與下屬的標準不一致，請理解他們面對上司所感受的壓力，避免和他們站在對立面，當他們覺得自己的權威遭受威脅時，強力的反擊力道會讓你覺得很麻煩。但也不用刻意討好他們，只要專注在你的專業表現上，維護好個人職場價值，他們會尊重有實力的人。

如果你有像茉莉這樣的同事：

遇到過度追求上司關注、配合上司的同事，請注意相處兩大原則：

一、**避免過度親密**，因為他們對你的態度可能會隨著上司的喜惡而改變。保持專業的距離，能減少因為有過多私人交情，而陷入真心換絕情的挫折感。

二、**避免成為待罪羔羊**，他們極度害怕犯錯而不被認同，因此一起共事時，你要懂得設立界限，聚焦在自己負責的部分。必須合作時，記得留下紀錄，萬一事情有差錯時就能保護自己。

⊙**情感關鍵字：**

委屈、憤怒、孤單、失望、羞愧、自卑

⊙**行動關鍵詞：**

不過度執著於自己的正義、提升自我價值、自卑與超越

全世界都認為我很棒，除了我自己

筱竹的故事

聽完醫師說明顳顎關節炎的手術過程，筱竹忍不住倒抽一口氣。她心想：「臉部歪斜、無法咬合，這張臉要如何見人？」比起手術，她更掛心著兩天後的出差行程，那是一系列非得親自出席的活動。

走出醫院筱竹自責：「這樣就生病，抗壓性太差。」打開手機，跳出兩百零七則待回覆的訊息。筱竹就近走到醫院對面一家招牌斑駁的咖啡館裡，準備回覆訊息。

從陽光下走入咖啡館，她頓時覺得眼前一片陰暗。服務生不知道在想什麼，硬是把她安排在唯一的一桌客人旁。看起來是一對夫妻，以及一位目不轉睛玩著手遊、外套上有點汙漬的男孩。

筱竹還在看菜單，被女人突如其來的大吼嚇到。女人大聲地責罵男人：「喝、喝、喝，你醉死算了！孩子還這麼小，你有想過自己當爸爸的責任嗎？這個家都被你毀了。」在女人連珠炮的喘息空檔，男人悠悠地回答：「我早一天掛掉，妳早一天再嫁。莫哭枵（mài-khàu-iau）！」

一旁正在上演的家庭劇讓筱竹分神。有一瞬間，她羨慕被老婆罵的男人：「掛掉了不用再管事，徹底輕鬆了，真好。」手機上的訊息警示聲將筱竹拉回現實，她意識到自己居然在羨慕一位酒鬼，暗罵自己一句：「實在病得不輕。」

。我是獎盃女兒，字典裡沒有「輸」

回台灣快一個月，筱竹忙著處理事情、忙著將待辦清單上的事情一項一項刪掉。她感嘆：「每天和不同的人接觸，說了很多話，卻沒有真正和人談過一句話。」

這一段時間，爸媽忙著數落對方，早上為股票買賣吵架，下午為追垃圾車不愉快。多半時候，爸爸強勢一些，從以前就常罵媽媽沒腦袋。

筱竹好不容易回國，她沒有期待聽到一句問候：「女兒，妳好不好？」、「女兒，這段時間過的如何？」但是，連女兒臉部肌肉癱在他們眼前，都沒有發現就太誇張。彷彿她這當女兒的功能只剩下付清帳單。

以前爸媽不是這樣的，自小她就是家裡的獎盃女兒，爸媽的雙眼是不斷電的監視器，緊盯她的一舉一動。現在爸媽年紀大了，跳過緊盯她，變成大量的索求，總是要她做這樣、做那樣。

想到要應付爸媽，筱竹就心累，還好有咖啡館可以當行動辦公室，離開醫院馬上和澳洲遠距開會。對方是她熟悉的人，筱竹想離題問：「可不可以陪我說說話就好，不要談公事。」她好累，好想有人陪她聊聊。但她沒有忘記辦公室政治敏感度，不會失格真的說出這樣的話。

不能信賴同事，那是她付出高昂代價換來的一堂課。還是菜鳥的時候，她拿到外派機會，生澀稚嫩的臉硬要配上合身套裝，就怕別人看出她的緊張。她在異地全力以赴，不敢忘記自己從小一直被提醒的：「比妳聰明的人，連妳睡覺時都在努力。」所以她一天工作十九小時，就怕輸給別人。

筱竹沒想到一個人在國外工作這麼孤單，隔壁部門主管 Robert 表示善意，領她認識一些圈內人，沉浸在被照顧氛圍的筱竹，即使聽到有人說 Robert 專吃嫩妹，她也當同事在嫉妒吃味。她覺得自己太幸運，能遇到這樣的好人，懷疑自己配不上這麼好的對象。

很快地，Robert 開始常常住在筱竹家，但他不願意公開戀情，在辦公室裡當筱竹如一般同事。筱竹乖乖聽話、理解他的難處，即使他帶她出去應酬時和女人打情罵俏，忽視別的男人對她毛手毛腳，她都沒吭聲。

沒想到幾個月後，Robert 跳槽到競爭對手的公司，同時把六位同事一起帶過去。筱竹上班時才知道這件事，完全摸不著頭緒，她急忙聯絡 Robert 想了解怎麼一回事，卻找不到人。他就此斷聯。

公司機密外流，筱竹部門變成眾矢之的。冷靜回想，Robert當時異常關心她執行的專案內容。做好被開除的心理準備之際，結果公司清查外流軌跡，是兩位資深女主管洩密，筱竹的層級權限過低，經手的業務稱不上祕密。

讓筱竹錯愕的是，兩位女主管和Robert都有感情糾葛，但正牌女友是和他一起跳槽的女生。筱竹傻了，不知道自己掉到什麼坑。輾轉聽到自己被形容為「飯局妹」，不知道該為自己情感被背叛傷心多一點，還是為職場的險惡多畏懼一些。

筱竹逼自己挺住。同事們聊天時，會在她經過時突然閉嘴，筱竹才發覺自己如颱風眼，四周已經毀壞崩塌。她無法直視那些或鄙夷、或憐憫的眼神。她知道自己處在風暴中，但是沒有人來問真相是怎麼一回事。筱竹只能假裝不在乎、假裝沒事、假裝一切都會過去。

筱竹留下來承受流言蜚語，不是她夠勇敢能挺住這一切，而是她更害怕失去工作後，爸媽失望的眼神。她也不能向家人說明過程的來龍去脈，她聽過他們私下議論表姐與男友同居是不知檢點，是「被白嫖的雞」，她承受不住這種指責。

◦我是模範女兒，不能丟家裡的臉

「我們家是望族，不能沒有體統。」自小爸爸這樣強調。「我們家是『忘豬』？」筱竹聽不懂爸爸在說什麼，反問的下場是一個巴掌甩過來。筱竹不敢捂住火辣燙的臉頰，只能忍住眼淚不哭，以免被罵沒用。

爸爸口中的「體統」，是寫毛筆字、彈鋼琴、學芭蕾、學英文。他緊盯筱竹學習，「只有優秀的人才會被尊重。」、「有誰會記得第二名？不是冠軍就沒什麼好講的。」爸爸一再這樣耳提面命，字典裡不能有「輸」這個字。

有一次考試她排名第三，拿回成績單那天，爸爸要她和弟弟跪在祖先牌位說：「對不起，子孫筱竹數典忘祖……」爸爸站在一旁接著哽咽說：「爸！媽！歷代祖宗！我對不起您！教子無方……」多年以後筱竹學到這叫情緒勒索，與這種看爸爸哭的場面造成的罪惡感相比，被打耳光反而乾脆。

筱竹成績退步，要跪；弟弟考不好，身為姊姊的她沒有當好榜樣要一起跪。如果累死可以換來家族榮耀，爸爸一定會毫不猶豫把她推上祭台。對於這一點，筱竹毫不懷疑。

爸爸收入普通，卻將她送到私立學校。聊天時同學直接問：「我爸是公司老闆，她媽媽是醫師。妳家呢？」筱竹意識到望族之說多麼諷刺，那是爸爸膨脹自己卑微內在的妄想。

她愧疚家裡盡力給她資源，唯一能著力的就是把書讀好、爭取表現。她得獎開心地拿獎盃和獎品回家。結果，爸爸說：「取妳名字竹字，竹子是空心，就是隨時提醒妳要謙虛。」獎盃換來的是寫「滿遭損、謙受益」楷書一百張，自我警惕不要得意忘形。

家族聚會時，爸爸不忘提起筱竹的表現，伯母不以為然地說：「運氣比較好而已，吹噓成那樣。」這句話直擊筱竹要害。她的確不認為自己厲害，只是害怕對不起列祖列宗、害怕爸媽失望眼神。還有爸爸罵她時，媽媽嘴角微微一撇時臉上那不屑的表情。

「人外有人，天外有天，不要當井底之蛙，別人只要認真一點，都可以贏過妳」。爸爸常將這些話掛在嘴上。筱竹真心相信誰都可以勝過自己，然而，她是模範女兒，不能丟家裡的臉。

站在台前侃侃而談，那是硬撐出來的，讓她筋疲力盡。但她害怕如果表現不好，「假望族」就會被看穿。從大學開始，不管是休息、吃飯、睡覺、上廁所……都是浪費時間。她偷偷去看醫生，靠著抗焦慮劑、抗憂鬱劑過完四年。她一點都不想成為焦點，也討厭成為焦點，上班時也只想當個不被注意的「窗邊族」。

「好，還要更好」是座右銘，也是一道魔咒。她的腦中彷彿被植入詢問鍵：「還有哪裡可以再加強？」、「怎麼樣可以更好？」這些疑問不時跳出，如同設計不友善的網路頁面，非要強迫作答，否則無法跳到下一頁。夜晚夢裡，更不時出現督促聲音：

「要做就要做到最好。」

「你可以做得更好，你可以的。」

「為什麼你不能像某某某那樣？」

「不要讓我失望。」

「應該再努力一點。」

「你做得不夠仔細，要注意每一個細節。」

「讓大家看到我女兒的實力。」

得獎、升職、加薪，被挖角，再來一輪得獎、升職、加薪……，筱竹是人生勝利組，是常勝軍。

她有如穿上紅色舞鞋的小女孩，停不下腳步。她要一直追著目標前進，但是身體開始不放過她。

看看這道人生習題

積極、正向、完美，筱竹這樣的人在職場如鑽石般閃閃發亮，這些熠熠光芒來自她近乎折磨的個人要求而成。

筱竹如奧運選手秉持「更快、更高、更強」的精神，但她並非積極追求成就，而是不能輸的恐懼驅動著她。

這龐大的恐懼來自於成長過程中，自小到大的無數比較，父母將自己未能達到的成就目標，轉而放到子女身上。子女被當成父母的延伸，期待透過孩子來實踐自己無法完成的目標，透過孩子的成就，來達到自己的目的。

在這樣的家庭裡，子女不被當成獨立的個體，而是家庭的所有。「你的姓氏是好幾代的積累，你的一言一行影響的不只是你個人，而是整個家庭的象徵。」這類的話語日夜沁入家族成員細胞。

「光宗耀祖」、「光耀門楣」隱藏著深刻的競爭意識。這種家族榮譽觀點，讓家族與家族之間、讓家族內成員彼此之間陷入無止境的比較。比學業、比才藝、比行業、比職位、比收入，乃至比婚姻狀況。這樣的競爭體系，將外在的社會成就和地位當成衡量勝負的評分標準。

贏過他人便得到肯定，輸給他人意味著毫無價值。這樣的價值觀無形中被灌輸給子女，鞭策他們努力。這些競爭不僅僅發生在外界，也發生在子女內心深處。

當子女的表現未如父母所期待，父母直接體罰造成子女的恐懼；父母言語攻擊：「我怎麼會生出這麼笨的小孩」、「你讓家裡丟臉了」；甚至如筱竹在祖宗牌位前自責，製造孩子的愧疚感，讓孩子內疚。

同時這些慘烈的比較也讓孩子對愛產生懷疑。他們會覺得：「如果我沒有成就，就什麼都不是了嗎？」究竟父母是愛自己的成就，還是愛自己這個人的不安，造成他們沒有歸屬感。

日子一久，子女往往無法區分自身的真實需求與父母的期望，他們內化了這種壓力，將達成目標等同維護家庭的榮譽，一旦無法達成，便視自己為「罪人」，整個人長期處在焦慮與愧疚的心理狀態之中。

◦努力再努力，就是希望爸媽認可我

未成年之前，筱竹毫無機會抵抗，只能默默承受。母親讓父親主導教養責任，當孩子被指責時沒有阻擋，事後沒有安慰，事不關己的態度無疑在心理上將孩子推開。但她同時用鄙視神情，表示對先生的不滿，孩童無力解讀這些非語言的複雜訊息，親子之間的互動，讓筱竹感受到無助與孤立。

「不努力就是懶惰，懶惰是可恥的。」父親過度強化努力的價值，唯勤勞是問的家庭教育深入筱竹的潛意識，讓她認為只要不拚盡全力就是可恥的。

進食、睡眠這些是基本的生存需求，當這些需求與「偷懶」畫上等號，就會造成困擾。考生為節省時間只能吃飯糰、覺得睡覺是浪費時間，短期衝刺時這樣做無可厚非，但是如果絲毫不能「浪費」一分一秒時間變成信念，就會帶來麻煩。

即使是機器也需要歲修，定期讓機器停止運轉，檢查零件有哪裡需要更替或維修。機器都需要這樣做，更何況是人？一刻都不能停下來的想法，變成人生的未爆彈。過度努力付出龐大的心理成本，廣泛地影響人際關係、親密關係、職場表現及身體健康。

奮戰不停歇讓身體處於警戒的緊繃狀態，付出的代價如自律神經失調，出現失眠、心悸、便秘等身體症狀。「咬緊牙關」對過度努力的人來說，不是誇飾的形容，而是具體的身體症狀，因長期緊繃而磨損關節軟骨，甚至導致顳顎關節炎、面部神經麻痺等。

筱竹長期處於緊繃的疲憊狀況，但不允許自己休息，即使身體警示燈大響一樣起不了作用。內化的努力信念，讓她在潛意識中認為：唯有生病，才能休息。

更深層之處，還有著「好還要更好」的要求，卻也同時意味著永遠不夠好。一個無法感受到自己「夠好」的人，一方面心懷羞恥感，認為自己丟臉、無法認同自己的價值，就會忍不住想躲起來；另一方面為了得到認可，會更拚命地表現，將外在的期望內化為自己的目標，對自己要求更加嚴苛。

筱竹恐懼失敗、害怕批評，於是漸漸發展出完美主義的傾向。

◦做了再做，因為我不能偷懶

從旁人的眼光來看，筱竹表現頂尖，但她個人的感受卻完全是另一回事，有如被「認可需求」綁架，並時常伴隨下列的想法：

□「我不能出現脆弱的一面。」

□「我需要做好所有事情。」

□「我不能隨便休息。」

□「我自己一點都不重要。」

□「我應該負責。」

□「將事情做到完美是理所當然的。」

對自己的所作所為總是苛求完美，眼裡只見缺點，任何問題都不能輕易放過，更是無法接受錯誤。然而越深入檢視，越覺得問題層出不窮。於是，筱竹不停地修補調整，休息時間都被她視為偷懶，認為是沒有全力以赴的表現。

由於對自己的高標準要求，在合作夥伴無法達到相同品質時，總會出於求好心切而把事情攬到自己身上。然而這樣的舉動通常吃力不討好，不僅增加了自身的工作負擔，還讓夥伴覺得受到指責甚至被搶功，反而無法建立良好的職場人際關係。

筱竹擔任主管時，對公司全然付出以求表現，也以相同嚴格標準要求下屬。但下屬對犧牲奉獻的工作價值觀不一定買單，讓她成為下屬私下議論的「慣老闆」。

筱竹的私人生活則因為長期專注於追求成就而變得乏善可陳，生活裡只剩下工作。也因為渴望把事情做到最好，容易被他人依賴。無論是家人的要求、朋友的請求、社交邀約，往往不忍推辭。過度為別人付出，導致自己疲憊不堪。也因為不願意讓人失望，一旦有人表示善意，容易失去防備之心而遭到利用。

冤枉的是，儘管做再多事情，仍覺得自己做得不夠好。結果就是進一步導致羞恥感，覺得自己渺小、微不足道，下意識地畏縮、躲藏起來，更害怕別人注意到自己。達成成就之際，反而分外不自在，覺得自己是僥倖，更想把自己隱藏起來，使得努力與回報之間無法相得益彰。

。好還要更好，因為我一直不夠好

對一般人來說，努力過後獲得獎賞是對自我的肯定，對筱竹卻是懲罰。得到成果之際欣喜兩秒，但馬上是另一輪痛苦的開端。為了美好的未來，不能停止奮鬥的腳步。然而，「未來」是一根懸在驢子面前的胡蘿蔔，當驢子向前走一步，胡蘿蔔一樣同步往前。

未來就是未來，永遠不會到來。

把事情做好是理所當然的，沒有做好則是罪不可赦，當她說：「這是本來就應該做到的，不算什麼。」她不是在說客套話，而是真心這樣認為。不夠好的心理作祟，讓她不管獲得再高的成就，都還是會問：「還有哪裡可以再改善嗎？」

取得成就後，內在那股「不夠好」的聲音總是伺機作亂，無法相信自己的能力可以勝任所處的位置，產生「冒牌者症候群」。明明是辛苦奮鬥來的成果，但內心深處覺得只是一時的僥倖，一定會被識破，並為此焦慮不安。為了降低這樣的情緒，他們投入更多的精力在工作上，形成惡性循環。

奧斯卡影后娜塔莉・波曼（Natalie Portman）集美貌聰明及演技於一身。她在哈佛大學畢業典禮致詞提到，擔心自己是因為明星光環才能進入哈佛，總覺得自己沒有同學那麼聰明，因此選擇特別困難的心理學當主修，搞得自己心很累。她說：「只要我表現得越好，內心越覺得自己不適任，而且隨時都可能被任何人發現我是個騙子、不值得任何成就、不可能達到所有期待（註：完整演講稿可至《哈佛校報》〔*The Harvard Gazette*〕瀏覽：https://reurl.cc/VM92NA）。」完全說出「筱竹們」的心情。

既然這樣，放棄會不會好一點？

沒錯，有時筱竹會衝動地想乾脆放下一切，但往往馬上就湧起一股罪惡感，陷入譴責自己不夠努力的循環。把自己居然出現拒絕想法，當成「我果然不夠好」的證據。

如筱竹這樣，把自己逼到盡頭的行為，是因為早期成長經驗植入信念，後續被環境強化。努力的過程會帶來好處，但努力過頭之後，身心開始反撲。接納人都有不完美之處，努力學習「不努力」，是即刻需要的「心功課」。

如果你和筱竹一樣

因為你是逼迫自己的專家，督促自己達成超高的期望值。如同電玩不停一級升一級打怪，直到 Game Over。但是這個模式會讓你陷入惡性循環。

一定很多人告訴過你：「接受事情不一定都是完美的。」但你就是做不到。所以，就從「**承認自己做不到**」這裡開始吧！每天選擇一項事情，告訴自己「我做不到」，感受「承認自己做不到」的感受，接受自己可以不完美。

如何應付自己的過度努力呢？先從小小的練習開始：

一、設定合理的目標

找一位了解你的人和對方一起討論，藉由外力幫助你設定更合理的目標值，你仍可以專注在完成目標。

二、大量鼓勵自己

停止批評自己。練習對自己說些正向的話並鼓勵自己，時常對自己說：「我做得很好。」

三、讓數據說話

你需要實證來肯定自己，因此定期列出自己的成就。讓客觀的事實幫助你，相信自己達成多麼不容易的目標。也可以翻開附錄的「自我練習手冊Ⅰ：自我覺察練習」（二九四頁），透過「想法與行為綜合覺察表」的表格，藉由事件、情緒、行為紀錄，你會發現自己有多棒！

四、練習愛自己所愛，而不是他人羨慕的

找一件你喜歡但「沒有效益」的事情來做，像是放空、打毛線、唱歌……練習沒有目的地投入，做這件事只是單純因為你想這樣做。

如果你是筱竹身邊的人

如果你是筱竹的主管：

恭喜你！遇到筱竹這樣的下屬，一定是上輩子做了好事，才能幸運得到這樣的得力助手。只要一聲令下，他們絕對使命必達，執行度一定讓你滿意並超乎預期。

對於這樣的下屬，你的命令越清晰越好，這樣才能讓他們省去摸索的時間與精力。持續肯定他們。鼓勵會讓他們安心，不會懷疑自己方向的對錯。

身為主管，你要幫助這類型的下屬踩煞車，小心他們為了追求品質的完美，最後讓身心耗竭殆盡。要是這樣損失一位得力助手，那就太可惜。

如果你是筱竹的下屬：

如果你有這樣的主管，一開始會很困惑。這樣的主管平時是好相處的人，但一做起事情來卻緊迫盯人追著討進度，頻頻要你調整細節。有時你會修改到懷疑人生，更懷疑自己是不是能力有問題。

不是的，這類型的主管不是在挑剔你，而是他們自己就是這麼要求事情的品質，這是他們一貫的態度。

與這樣的主管相處，生存之道就是分開人與事，盡量不要讓主管的焦慮渲染到自己身上。完成工作後，你不會獲得大肆獎勵，因為他們是害羞可愛的人，但是你將經歷到光速的成長，這是特別的紅利。

⊙情感關鍵字：

焦慮、自卑、不安、挫折、沮喪、難過、失落

⊙行動關鍵詞：

不過度努力、減壓練習、鬆綁完美主義

我就廢物，不然還想怎樣？

青楓的故事

「幹！如果妳再不弄出來，明天就不用來上班！」以好脾氣著稱的總監朝著青楓大聲吼叫。

青楓傾著頭盯著經理的脖子，他頸部浮起的青筋如古蹟園區的老樹浮根，匍匐在地面立體分明。總監的嘴一張一闔，聲音忽遠忽近，世界如隔著透明軟膠膜扭曲變形。青楓努力想擠出幾句話，但腦袋當機卡在「他會不會中風？」的迴路裡，一點聲音都沒有發出來。

辦公室周圍的同事看著毫無反應的青楓，隔壁桌的同事微微搖搖頭，站起來逕自往茶水間走去。

後續的事情，青楓沒有印象。

第二天早上，鬧鐘響到幾乎整幢大樓地板都跟著震動，只有躺在床上的青楓一動也不動，任由它繼續響。她看了一下手機，下午四點多，有七十幾通未接來電。LINE有一百多則未讀訊息。她心想：「又搞砸了，就這樣吧！」翻過身繼續躺著。

她搞不清楚自己是怎麼一回事，最困難的部分她都完成了，只剩下簡單的資料整理。青楓理解沒有這些數據，會影響到專案結案。她知道截止日，專案經理也催過幾次。青楓曾試著想打開報表，但是想到就煩，連開機都做不到。

事情不困難，但她動不了。

後來發生的事，就是總監抓狂。據說，那天青楓從頭到尾沒有說話，總監見到她沒反應，越說越生氣，而她下班時間一到，默默收拾東西就離開辦公室。這是過了一陣子之後同事告訴她的。

青楓有好一段時間賴在床上，百分百的遮光窗簾讓室內分不清黑夜與白天。她睡了醒，醒了又睡：「以後的事情以後再說……」

「我們是小公司，可能會和妳想的不一樣。」這幾年面試時青楓總要回答一些尷尬問題，但她不好說：「我其實沒有什麼期待。」

應徵這家公司時青楓有過一絲念頭：「就在這裡好好做，不要再讓連猴子都會的事變成絆倒人的小草。」但就像中邪一樣，在工作比較順的時候，注定發生鳥事。

總被一些小事影響到工作發展，盡心盡力完成九九．九％的事情，但是最後那一小點就會出問題，如高度精密的太空梭發射時，因為一顆螺絲塑膠環套劣化而爆炸。那是再小不過的零件了，甚至連零件都稱不上。但因為它，計畫就毀了。朋友則形容她是出廠時被設定到自毀模式，時間一到就會引爆。青楓心想：「我就爛啊！不然要怎樣？」

◦不管做再多也做不完，乾脆拖到最後

「趕快去做！立刻！馬上！我數到三。」小時候，青楓常聽到這些話。

青楓媽媽對行程計畫要求嚴厲，家裡牆上掛著辦公室用的白板，爸爸、媽媽、青楓各有一個專屬欄位寫上滿滿行程。她送青楓上學、補習；整理家務時，她跪著擦地板；衣服要分四趟洗，襪子一次、內衣褲一次、爸爸的衣服一次、她和青楓的衣服一次。

媽媽強調，家人之間不應該藏著祕密，要互相坦承，所以要家人鉅細靡遺地告訴她每天發生的大小事。而且不只如此，她會繼續追問：「你怎麼回應？你的想法是什麼？你的感覺是什麼？」回答之後事情還沒完，媽媽還會針對想法與感受幫忙「校準」。世間的對錯，只有她的版本才是真理。

青楓害怕青椒味道，媽媽主張小孩不能挑食。有次外食，館子合菜有一道青椒炒牛肉，青楓挑出青椒，媽媽則堅持要她吃下去。她一入口馬上反胃，媽媽說她不知好歹，也不想多少小孩沒食物吃。青楓吃一口吐一次，青楓慘白的臉，讓餐廳老

鬧一臉尷尬出面緩頰說孩子不吃青椒是正常的，要補送一道菜，但媽媽沒有理會。

求學過程，青楓算完數學念國語，寫完英語練鋼琴……青楓發現不管她做得再多，總是有源源不絕的作業冒出來，永遠都做不完。「你練習完就可以玩……」這是天大的謊話。

青楓從滿滿的行程縫隙，擠出一點自己的小小時間。拖到最後一刻不得不開始的時候再動手。做不完，就乾脆慢慢做。

青楓有一定的資質，足以應付填鴨式教育，獲得漂亮的成績。大學選系時，媽媽聽從補習班分析建議，要青楓讀電機系，說是將來有前途。

青楓對電機沒有興趣，也讀不來。翻開《交換電路與邏輯設計》的課本就頭昏想吐，但不讀會被當掉，讓她每天活在書還沒有讀的緊張裡。多半時候青楓抱著書，一天都要過完了卻連封面都沒翻開。她想轉校、轉系，什麼系都好。媽媽向青楓說：「妳很聰明，只是太懶惰。青春可貴，不要浪費一年的時間補學分，想要換跑道，等上研究所再轉。」

別的大學生談戀愛、玩社團、忙打工，青楓只有寢室的一道牆。她想過找人惡補搖搖欲墜的學分，甚至想跪在教授研究室求情，但她就是無意識地瀏覽網站渡過一天。她不想繼續這樣下去，媽媽說：「不要老是想待在舒適圈，撐過去就好。」

青楓受不了被責備沒有用盡全力，脫口就說：「我就廢物，不然妳還想怎麼樣？」媽媽聽了大抓狂，抓著青楓的頭去撞牆又哭又吼：「妳再說一次！再說一次！我這輩子把時間都花在妳身上，妳這樣對我？」

爸爸出面當和事佬，說服青楓向媽媽道歉。表示媽媽只是刀子嘴、豆腐心，都是因為太累了，情緒難免失控。

。我真的沒有動力繼續前進

青楓認為媽媽掌控她的一切，主導她的價值觀、她的穿著、她的房間、她走路的姿勢，青楓覺得她的五臟六腑都被翻在外面一一檢視……她想要拒絕，卻覺得拒絕也沒有用。

媽媽說：「出國才有前途。」青楓不想，但她還是飛出去了。對於留學生活的回憶，青楓幾乎一片空白。畢業之後決定回家，是她對媽媽的第二次叛逆。因為她發現自己居然在學校大橋邊徘徊，她知道再下去連命都會沒了。

青楓懷著愧疚感回家，心裡想說：「對不起，我讓妳失望。」但她開不了口。媽媽曾說：「只有窩囊廢才回台灣，花大錢留學，在矽谷賺美金才是贏家。」這是青楓的魔咒，沒能成功鍍金的魯蛇。

家人失望的眼神如深淵，幾乎讓青楓溺斃。

但是媽媽的盤算沒有錯。青楓所學跟上產業發展趨勢，即使沒在矽谷，回到台灣也搭上科技潮，一樣求職順利。

青楓按部就班做著上司交辦的事情，工作上手後發現作業流程過於冗長，需要精簡改善。她提出改善方案，上司要她照著原來流程走。她感到荒謬，時間空轉被塞滿的感受又出現。「浪費生命……」這種想法隨時冒出。

青楓開始拖延工作，事情越積越多，生活受到影響。每次拖延所帶來的焦慮感進一步削弱做事的動力，形成一種內耗，讓她在面對挑戰時感到無力和恐懼，越來越抗拒接觸工作。

結果，青楓被主管送ＰＩＰ員工績效輔導（performance improvement plan）後被裁員了。雖然覺得丟臉，但她也鬆一口氣。

被裁員之後，媽媽警告女兒：「這麼丟臉的事情，絕不能讓別人知道。」青楓在壓力下，倉促再找工作。接下來的幾份工作，都在工作上手之後，因為在一些小事情卡住，她擱置不處理，最後搞砸。

開小館子的朋友形容她：「妳好像廚師從市場買回一堆食材，沒煮也沒炒，就放給它爛。客人來了，才從爛菜葉裡挑幾根出來炒，這一定出問題的。」青楓知道自己的問題，但她改不了。

青楓害怕失敗，萬一失敗他人會怎麼看自己？更害怕萬一被證實自己真的做不好，那真是太恐怖了！不行動就不會有失敗，她選擇拖延來暫時逃避焦慮。結果，內心的羞愧感與懊悔感日漸增加。

覺得過不了關時，青楓會乾脆先一走了之。

別人說青楓把一手好牌打到爛，認為她頹廢不進、得過且過、不在乎明天。面對指責，青楓表現得無所謂，而這種態度往往會更加惹怒身邊的人，譴責也會變得更嚴厲。外界的指責與壓力，讓她更進一步防衛，拖延狀況也變得更加嚴重。如同打死結一樣，越用力，結打得越緊。

青楓真的動不了。她失去找工作的動力，不想說話、不想思考、不想社交、不想……

「我就廢物，可不可以什麼都不想要？」青楓真心這樣想。

看看這道人生習題

武俠小說裡有一類角色的人物設定是：勤奮不懈練就一身好功夫的奇才，行走江湖叱吒風雲，在某些關鍵事件之後卻自絕經脈，將自己變「廢」，散掉一身好武功。

江湖大俠放棄積累自我放逐，是一種遠離紛爭的策略。然而，現實中的青楓「我就廢」，卻是一場內在自我消耗的無聲戰役。

從孜孜不倦的努力者變成自嘲「廢柴」也無所謂，這背後的心理轉折耐人尋味。

青楓怎麼了？

◦沒有自我空間與思考的童年

三、五歲的童年時期是「貓狗嫌」的年紀，活潑好動，喜歡冒險、探索、表達想法，孩童藉由一次又一次的嘗試、犯錯、修正、學習，逐漸認識世界、認識自己，形成對自我的認知。

探索與嘗試必然伴隨犯錯的可能，這是必經的歷程。如果照顧者只是單純因為保護欲、控制欲強，為了避免孩子犯錯，命令孩子嚴格遵循規定，擅自替孩子做決定，單方面深信這些要求是「好的」、「對的」、「應該的」，卻讓孩子缺乏真正需要的教導。

只會命令不會教導的父母，將孩子的疑問或主張當成「不聽話」，認為是對自己的質疑與挑戰。無法說出道理時，動輒以「聽我的就對了」、「我會害你嗎？」壓制孩子，不容孩子嘗試其他的方法，這將扼殺孩子的成長空間。

青楓就是在只有命令的環境下成長，生活被排得滿滿。她如一台小機器人，接收母親的指令。一件事情做完還有另一件事情等著做，學習與休息之間幾乎沒有斷點。

反正事情做完也沒有好處，拖到最後一刻才不吃虧。這種最後一刻才開始的行為，是被嚴格監控要求者發展出來的「求生」策略。這種心態頻繁地發生在學生身上，因此也被戲稱為「學生症候群」。

學生時期作業截止時間「死線」，而且有師長盯著。成年之後生活面向不同，

「拖延」機制從無傷大雅，變成大困擾。小傷口不處理，放著惡化成蜂窩性組織炎，最後截肢；信用卡帳單不理會，本來只是小金額計算利息、違約金，之後利上加利金額滾大，增加還款的難度。只要一開始處理，問題就不大的事情，擱到無法收拾。

青楓一直在接受母親的安排，但這些安排是母親想要的抑或是青楓要的？母親過度控制介入干擾，讓她無法自主進行調節，或覺困惑、或無所適從、或內在形成矛盾，因嚴重的內耗，進而影響適應能力。

既然反抗是無效的，青楓習得無助就乾脆不反抗了。自己不喜歡的事情，硬吞下來，避免與母親高張情緒產生衝突，消極地以不作為當抵制。

長久持續一件事需要內在動力，從中得到成就感、歸屬感、榮耀感、滿足感、被需要感……不管得到什麼，裡面一定要有自己想要的，才能夠應付過程的枯燥、無聊，也才能夠應付龐大的壓力。

青楓長期聽命行事，不用思考什麼是自己想要的，不相信自己有選擇權。即使是認為應該要做的事情，亦缺乏內在動機，而挑戰意志薄弱。

。拖延者不是一日養成的

像青楓這樣的年輕人日益增加，他們的經歷有驚人的雷同之處。可以說，拖延不是一日養成的，而是經過階段性演變：

第一階段：童年時，聽話就對了

只要遵循他人設定好的目標去做，例如常聽到：「你只要好好讀書就好，其他都不用管。」大小事有人代勞，生活瑣事也被準備得好好的。孩子的重要任務——玩樂，被視為無謂且浪費生命，被屏除在外，導致孩童本性被壓抑。沒有機會練習為自己做選擇，失去體驗機會。

不過，這時因為年紀還小，不會覺察這樣是有問題的，也沒有能力可以反抗。

第二階段：想反抗又害怕

強忍著應付家長要求，但實在無法繼續下去，試圖提出不同的意見，卻遭到更強的力道反駁，讓他們只好退縮。

反抗的代價太過高昂，讓孩子無法負擔。但痛苦仍然在，該怎麼辦呢？於是，他們發展出拖延等因應對策，試圖在痛苦的生活中求生存。

第三階段：拖來拖去拖成愁

拖延引起罪惡感、焦慮，並造成內耗又消磨動力，更無力處理事情。結果拖延的狀況更加嚴重，讓他們的心裡也更加焦慮，如此形成惡性循環。

最後，在外力的介入下被迫面對問題，但這時問題常已惡化擴大，他們懊惱、後悔任事情發展到難以收拾的地步。羞愧感強大到失去理智應對的判斷力，只想將羞於見人的自己藏起來。成為他人眼中逃避問題，不負責任的廢物。

。

拖延症的人想藏起來的是自己！

拖延者想藏起來的是自己，而其嚴重的內耗心理狀態往往源自於：

缺乏動機與成就感

因為目標不是自己設定的，缺乏行動的內在動機，即使完成之後也不會有成就感。既無動機也無成就感，自然拖著不想要開始。

缺乏自信

長期遭到強勢掌控或被指責的經驗，造成對自己的能力沒有信心。內心懷疑自己做不到所以不敢行動，害怕萬一行動失敗了，將證明自己真的一無是處、沒有價值。所以，選擇拖延來暫時逃避面對問題。

沒有歸屬感

在任務當前躊躇，無法因為投入任務而與群體形成連結感，容易感到孤立。無法產生歸屬感而與群體保持疏離位置，也就缺乏誘因去完成任務。用拖延方式逃避壓力，結果未能及時完成任務或履行承諾，反而引發更多問題。

青楓口中說著「我就爛」，任由事態惡化，用表面上的不在乎掩蓋內心的不安，試圖以「我就是沒用」來自欺欺人，企圖減輕焦慮。然而，這種方式並不奏效，不僅無法真正欺騙自己，反而讓焦慮感如影隨形，身心俱疲。

旁人無法感受青楓的內耗，只會為其扼腕可惜。一開始，試圖激勵說服她振作。這些話聽在欲振乏力的當事人耳裡，徒然增加壓力，想動也動不了。身邊的人看她繼續萎靡不振，就出現「愛之深，責之切」的態度，開始指責當事人懶惰、不知好歹、揮霍時間、辜負期待、枉費栽培。

這些指責讓他們更加無助、無力、無望，最後變成慢性焦慮。長期下來逐漸引發情緒低落、憂鬱等負面情緒，削弱行動意願，最終陷入心靈癱瘓的惡性循環。

身體癱瘓需要復健，心靈癱瘓則需要療癒與支持。

青楓需要停止內耗，找到內在力量，方能再一次站起來。

如果你和青楓一樣

一旦腦中開始密集出現「再等一下」、「好煩」這些念頭時，你已經陷入內耗之中了！

每一個「不想要」的深處，都藏著一個「想要」。負面的「不要」會讓人疲倦；「想要」則會讓人振奮一些。因此，當你陷入內耗時，不妨將焦點從「我不要」移轉到「**我想要**」。詳細的練習方法請參考附錄的「自我練習手冊II：改善情緒性拖延症」（三〇七頁）。

將你已經完成的項目記錄下來，藉由完成的任務和取得的成就，增強自信心和成就感。

學習的過程中可以組個小團體當啦啦隊，找到有相同目標的朋友或同事，一起互相鼓勵和監督，提升內在動力與誘因。

如果你是青楓身邊的人

如果你是青楓的主管：

當主管遇到這樣的下屬，需要深諳「平衡藝術」，同時給出設定清楚的目標和截止期限，並清楚告知目標順序的急迫性、強弱度。

將大任務切成小任務，將大目標切成小目標。將任務如積木般拆解，變成一塊塊再組合起來。

由於他們害怕失敗、羞於開口求助，更容易困在自己的內耗之中，切記交辦任務後要定期確認進度，避免對方因小事卡住進程而付出太多時間成本。

如果你是青楓的同事：

常和對方核對工作進度及溝通方式，每個小目標都與對方進行確認，並留下紀錄，避免自己被拖累。要記得與對方主管保持一定的互動，借助組織的力量保護自己。

如果能多用讚美與肯定的態度與對方相處，他們會是好相處的夥伴。

如果你是青楓的家人：

即便當事人很消極，就隨他們去吧！

有時候生活就是需要一大片空白，才能從中累積激發出新動力。放下你的擔心、批判，讓他們自己去摸索。將他們當成是成熟獨立的個體，將決定權交還給對方，讓他們取得掌控感。

如此，即使是失敗，也會是段學習的過程。

⊙**情緒關鍵字：**

沮喪、憤怒、憂鬱、無動力

⊙**行動關鍵詞：**

避免一直換工作、防止重複自毀模式、提防心理癱瘓

朝顏知道等著見證她沒出息、等著看她出糗的人，
排起來比電影片尾的名單還要長得多。
「演給誰看？」
朝顏她不僅不想要有觀眾，
她一點都不想登場。

Part 4

我能不能成為更好的自己？

——自我關係

因為我長得太醜，大家都討厭我？

曉薰的故事

東京羽田機場班機誤點，曉薰不確定何時才能起飛。等待讓時間變得漫長，她走到自動販賣機前，目光在奶茶與咖啡之間游移。儘管胃食道逆流的症狀加劇，不管茶或咖啡都不是好選項，但多出來的時間總需要一些什麼來填補。

打開拉環，喝了一口罐裝咖啡，過甜的調味讓曉薰噘起嘴唇。她皺起眉頭心想：「這怎麼好意思叫做咖啡?!」隨手拿起椅子上被遺留下的雜誌，模特兒燦笑的精品廣告頁之後，一張微蹙著眉頭的女學生照片讓曉薰胸口微微抽動，湧生無名的熟悉感覺。

以有限的和漢字推測，雜誌上有個小主題在談論「死都不想踏上的地方」曉薰懂這種心情，她也有死都不回去的地方。

先前，二嫂傳訊息給曉薰，說爸爸身體不好，建議她找時間回家一趟。曉薰並不討厭二嫂，相反地，她是家族裡曉薰唯一願意留聯絡訊息的人。知道她是好意，但提到家庭就太多了，曉薰於是不讀不回。

「什麼都不知道，就別當好人了。」曉薰直接封鎖二嫂，她受夠這個家庭的虛偽。

。我討厭自己長這樣，更厭惡大家嘲弄我

自小，曉薰反覆聽著一則家庭「趣談」，逢年過節有家族聚會都要聽上一回。

曉薰聽到的內容是這樣，當年媽媽生下她之後，看了嬰兒一眼就哭到聲嘶力竭，比嬰兒都大聲。媽媽含糊抽噎著說：「好醜！好醜！我不要生一個『咕嚕』。」親友來探訪時，媽媽不讓人看嬰兒。事實上連她自己也不想看，看了曉薰一眼，她馬上改掉母嬰同室，並將哺乳親餵換成配方奶。她向來訪的密友說：「怎

麼辦，想到『咕嚕』在吸我的奶，好噁心。」

媽媽早婚，年輕漂亮的她生了兩個眉清目秀的男孩。帶著兒子們出去不時會聽到：「兒子這麼漂亮，如果再生個女兒一定不得了。」媽媽也期盼，有個女兒讓她當洋娃娃，讓她盡情裝扮。

曉薰在這家的高光時刻，是還在媽媽肚子裡被檢查出來是女嬰的時候，媽媽樂得大肆採購粉色系列服飾。結果出生後，曉薰沒有媽媽期待的盛世容顏，黝黑的皮膚、大圓臉，五官平板，厚實又外翻的耳朵是唯一鮮明的特色。

媽媽看嬰兒的眼神帶著一絲絲恐懼與嫌棄，外婆安慰媽媽說：「女大十八變，長大一點就好了。」媽媽沒有釋懷，哥哥們自小滿月照、周歲照進攝影棚拍一系列照片，曉薰被直接略過。出遊拍全家福時，兩個哥哥緊靠爸媽身邊，曉薰不是被漏掉，就是躲在大人腿後露出半張臉。沒有人教她要站到前面看鏡頭。

曉薰耳朵雖然醒目，但頭髮留長或燙捲多少能遮掩修飾。媽媽期待過高之後直接放棄打理她，曉薰留著一頭最容易整理的一刀剪西瓜帽，使得耳朵無處藏。

如果說兩位哥哥是花園裡定期修剪的秀逸柏樹，曉薰就如同未被拔除的野草，放著隨便長。

幼童的世界天真又殘忍，《小飛象》（*Dumbo*）的故事是曉薰的惡夢，同學總笑她是大象。還有人繪聲繪影地說她是外星人，耳朵是雷達，專門接收外太空來的密碼。

班上男生發明一個遊戲，一人走到曉薰身邊故意發出：「答……答答……答答……」的聲音，然後另一人回答：「收到！發射！」再由另一人應聲抽搐發抖倒在地上哭喊：「殺人啊！殺人啊！我被外星人殺死了！」圍觀的同學一群人哄堂大笑。男生們對這遊戲樂此不疲，女生們則站在一旁吃吃笑著。

曉薰向媽媽說同學笑她，媽媽簡短地回：「誰叫妳長這樣！脾氣壞，會被討厭。」她跟老師說，卻得到這樣的回答：「哇！大家這麼有創意！妳不要太小心眼，一起玩就好了。」

曉薰只能自救，她盡量不走動，不給人作弄自己的機會。但同學沒有放過她，惡劣的謠言從沒停過。他們說曉薰的耳朵是壞掉的天線，她功課成績很爛是她都在接密碼。帶頭作弄她的男生說：「我媽說女生長得醜，功課又差，是上輩子做壞事。」

最後一學期，班上來了個轉學生，坐在她旁邊安安靜靜的。他對曉薰很和善，兩人一起聊天，曉薰覺得轉學生是她最好的朋友。有一天，教室只有他和曉薰，轉學生漲紅著臉說：「我可以問你一件事情嗎？」曉薰好緊張，心怦怦跳，停了幾秒之後點點頭。

「我可以摸一下妳的耳朵嗎？」轉學生小小聲地問。

「蛤？」曉薰瞪大眼睛，不確定自己聽到什麼。

曉薰猶豫了一下，覺得自己可以相信他，便慢慢地把臉往右靠向轉學生。耳朵靠近轉學生一些，曉薰的心臟都快要跳出來了。轉學生盯著她的耳垂看，突然快速地圈起拇指和食指，往她的耳垂用力一彈。

「好痛！」曉薰摀住耳朵，忍不住大喊出來。

轉學生快步跑開，教室牆外則爆開笑聲。她隱約聽到轉學生大喊：「是真的！是真的！」原來同學們打賭曉薰的耳朵是不是真的，轉學生接受派任前來求證。

那一個彈指，徹底將曉薰對人的信任摧毀殆盡。她以為他們是朋友，她想過要當他一輩子的好朋友，但原來不是這樣。

那天放學，曉薰拿美工刀在自己的耳根比劃。金屬刀鋒貼著耳根感覺冰冰的，力道強一點會滲出血絲。她知道有一個割掉自己耳朵的畫家叫梵谷，她想學梵谷，想著沒有耳朵就不會有這麼多的痛苦。

中學時，她在圖書館讀到一篇文章報導耳廓手術，才了解原來只要動手術就可改變外型。看到文章的曉薰激動地想要大喊：「我有救了！」她偷偷把文章撕下來，緊緊握在手上，有如這是將她拉出地獄之門的贖罪券。

曉薰迫不急待地將報導拿給媽媽，開始篤信宗教的媽媽連內文都沒看就說：「神有祂的美意。我們都是祂的作品，不能破壞神的旨意。」曉薰雙手顫抖、張大嘴巴，聽不懂媽媽在講什麼。

曉薰一再哀求媽媽帶她去看可以動手術的醫院，但媽媽說：「多禱告，就會得到平安。」曉薰無法接受媽媽說的外表不重要。她心想：「果真要如實，那化妝台上的一堆粉底、眼影、口紅是什麼？她幫哥哥買的男用保養品，讓他們去拍型錄廣告又算什麼？」曉薰擠出一句：「沒有那麼殘忍的神。」媽媽驚慌地說：「褻瀆神，妳會下地獄！」

雖然爸爸從曉薰出生後就沒抱過她，但他成為曉薰剩下的希望。鼓足勇氣向他開口，他瞄了一眼報導說：「品德、品行比較重要，……去問媽媽。」

曉薰覺得爸媽太虛偽。如果在乎她這個女兒，會不顧她承受多少嘲諷的痛苦？「屁話，都是屁話。被笑的不是你們當然說得輕鬆。」曉薰懷疑自己是不是爸媽親生的，不然他們怎麼會如此忽視她，怎麼忍心這樣對她。

在殘酷的環境下，成為更殘酷的人才能活下來，這是轉學生教她的一課。她體會到：同學可以只是單純的惡，不需要任何的理由；轉學生則讓她經驗到：人可以為了求生存而傷害他人、出賣他人。可是比起這些，父母的事不關己讓她更難受。

曉薰理解到爸媽不是覺得外表不重要，而是被欺負的事情發生在她身上，所以不重要。她覺得他們好假，她用刀片當畫筆，在手臂內側畫「十八」，用痛提醒自己在這裡忍到十八歲，然後再也不要回到這個家。

。怎麼看都不順眼，乾脆打掉重練

曉薰將自己和世界隔絕開來，每天穿著長袖連帽衣，天氣再怎麼熱都不脫。她戴著口罩，把臉遮住大半。媽媽細聲細氣地向朋友說：「我犯了什麼罪，生了一個怪胎。」

曉薰拚命打工存錢，終於等到不需要監護人時，立刻動手術。

復原期間曉薰每天看鏡子，拆除紗布時她細細端詳掛在臉上的耳朵，卻覺得越看越不對勁，眼睛不對、鼻子不對、臉型不對……曉薰覺得她的臉有如一堆錯誤的零件，裝在錯誤的機台。

幾次與家人衝突之後，曉薰離家租屋自己住。繼續拚命工作，賺來的錢都花在整容。難得節日回到家，沒有人注意到她的耳朵變小、眼睛變大。哥哥那能上雜誌封面的臉，襯出曉薰怎麼樣也去不掉的黯淡，家人每一個眼神都像在嘲諷她。

曉薰照著美女模板再生，動一次手術、再動一次，再動一次，每次都看不順眼，重複打掉重練。一次與男友分手後，她嫌髒，連陰唇都重整。

三太子哪吒拆骨還父，割肉還母。她無處可還，透過整形，她是再造自己的父與母。

滿街都是人工美女，有人嫌說從頭到尾都是假貨，是塑膠人。曉薰認為，那是窮人嫉妒。「人工又如何？」曉薰讀到男人的垂涎、女人的羨慕，只是她每隔一段時間就要進化新版本，總沒辦法滿意。

曉薰成為業界聞名為達成業績不擇手段的女魔鬼，她以要求自己的標準要求屬下。有人說她無情無義，有人控告她職權霸凌，有人稱她為女巫，說她是沒血沒體溫的外星人。

「外星人？呵！」曉薰不把批評當一回事。這些她已經聽得夠多了，完全不反駁。

曉薰部門來了位新人，年輕女生綁著高高馬尾，招風耳大大地展示著。女孩長相並不特別，對自己張揚的耳朵毫不以為意。高馬尾在走路時一晃一晃，曉薰看到就煩躁，開口更沒好話。

曉薰受不了，那新人怎麼可以安然頂著大耳朵。她的自在態度，似乎在嘲笑自己這麼多年來的苦無非自找。

曉薰聽新人報告，卻見到她心情就糟到極點，沒好氣地大吼：「妳聽得懂自己在說什麼嗎？回去重做。垃圾！窩囊廢！」新人紅著眼眶離開辦公室。有那麼一瞬間，曉薰心軟了。但隨即心裡有異樣感受：「心軟？這感覺太恐怖了。」希臘神話裡，阿基里斯的腳踝（Achilles Heel）是他金剛不壞之身的唯一弱點。不能把弱點露出來啊！太危險了。

有天開會時，新人提報時邊講邊走動，馬尾晃過耳朵外緣。曉薰頭好暈，只聽見嗡嗡嗡的聲音。

「閉嘴！」曉薰用力把文件夾往新人身上丟，在眾人的驚訝聲中，她繼續掄起筆電砸過去。

人資部門找曉薰談話，曉薰多次被提告職權霸凌，鬧到勞工局，之前還有幾起糾紛沒有落幕。但是部門裡的業績有四分之三是她扛起來的，她以實力當靠山，沒人敢動她。可是換了新老闆之後，一方面功高震主，一方面事情鬧太大，這次她沒能保住位置。

愛情，0。

家庭，0。

工作，0。

全面掛蛋。

「好累。到底為誰辛苦？為誰忙？」曉薰心情降到谷底，不只是因為工作出狀況，而是根本不知道自己為何而活。

她上網隨便買張機票，地點時間隨便選，不管去哪裡都好，因為她也不知道自己要去哪裡。航班延誤困在機場裡，她也沒差，困在哪裡都一樣，像那個住在機場十八年最後死在機場的男人也無所謂（註：指因爲沒有身分證而滯留法國戴高樂機場十八年的伊朗難民。該故事會改編爲由湯姆．漢克斯〔Tom Hanks〕主演的電影《航站情緣》（*The Terminal*））。

機場內人來人往，雜誌裡那個女孩的殘影在腦中干擾，曉薰放下手機再把雜誌翻開。瞬間，她想起來那面熟的女孩像誰了。

功課不好的曉薰，獨獨作文寫得好，學生時曾投稿拿過獎。還沒有整型前，為了提供給校刊得獎介紹文，她拍過一張角度雷同的照片，一樣狹而短的眼睛，越看越覺得神韻、神情都相似。

「現在流行這樣的臉嗎？挺有特色的。」曉薰拿起手機，瀏覽醫美診所的頁面。她想問：「能不能把我的臉改回來？」

看看這道人生習題

「只要我的外型改變，問題就解決了。」過度整型的人執著於這樣的信念，卻一不小心就陷入無止境的輪迴。

曉薰將成長過程的不順遂歸咎於外貌，欲改之而後快。但用力過猛，不僅沒有為她帶來幸福，還讓她吃了更多的苦。

左右她際遇的真的是外表嗎？

心理學常說：「問題不是問題，怎麼看問題才是問題。」曉薰看待耳廓的態度，是從家裡學來的。父母當它是問題，它就成為問題。

人從嬰兒期開始即透過大人的態度、大人的回應逐漸認識自己。嬰兒哭的時候有沒有人理會？被用什麼態度對待？對待時是溫柔還是嫌棄的？等哭到聲嘶力竭才姍姍來遲，還是一聽到哭聲就馬上來安撫嬰兒？

透過大人的行為、語氣、態度……一點一滴地回答嬰幼兒還無法問出口的：

「我是被愛的嗎？」

曉薰媽媽因個人主觀的審美意識，又在意他人的評價，對孩子不加掩飾地表現出嫌棄的態度。曉薰吸收了自己外表是有缺陷的認知，感受到外表不完美是無法被愛的。

◦家族「傳說」的傷害

家族裡一再重複提起某些軼聞，例如小孩說立志長大要當總統、要娶媽媽、要嫁給爸爸、要上月球、出生時和猴子一樣醜、要當模特兒……大人將這些當成有趣的談資，重複地一說再說，將這些故事變成家族裡的「傳說」。而這些家族「傳說」的趣味點是與當下的反差，對當事人而言，卻為當年的童言稚語而困窘。

另外一種「傳說」是某些子女的條件或特質被過度放大強調，例如曉薰哥哥們外貌一再被誇獎。當父母將目光焦點放在具有某些條件的孩子身上，無意之間變成貶抑其他手足，彷彿自己是「次級品」，不值得獲得更好的待遇。

曉薰家人忽略孩子的感受，一再將母親看到她，醜到讓她大哭的誇張反應當有趣。大人覺得好玩，孩子聽來卻是重複說著她的出生是笑話。

孩童還在建立自尊，對事實與誇大之間還沒有分辨的能力。大人誇張的話，孩童會當真，那些嘲弄會影響孩子的自信心，造成自卑。

沒有自信的人要適應團體生活更加費力，尤其是兒童會好奇與自己不同的人事物，卻不知道該如何面對，他們需要被教導如何正確看待差異。如果沒有適當的引導，一不小心就演變成肢體、語言或關係孤立等不同形式的霸凌。

遭受霸凌會對一個人形成身、心、靈全方面的影響，但沒有外在傷痕的關係霸凌容易被忽略，傷害性卻極強。《霸凌是什麼》（いじめとは何か）作者森田洋司說：「人需要透過和同儕團體的連帶感，來證明自己活著、自己存在這個世界上、自己的生命是有意義的、對社會有貢獻。」霸凌影響的嚴重性，就在於霸凌是扼殺人的「社會性存在」。

因此，霸凌所帶來的感受猶如面臨死亡般的威脅，伴隨著強烈的焦慮和恐懼情緒。被孤立的恐懼感長期持續，光是活著就要耗費力氣，結果身體長期承受壓力，造成自律神經失調、高血壓、睡眠障礙等身心問題。

霸凌讓人處在孤島般的無助環境，人在孤島，如果有人伸出一雙手，說一句安慰的話，就能讓孤島對外產生連結。最怕就是，自己在意的人袖手旁觀。見死不救的損傷，不亞於直接傷害，因為那是燃起一絲希望，卻又被撲滅的絕望。

當他人對被霸凌者說：「不要在意就沒事。」是在傷口上補一刀。

父母無視曉薰求助的聲音，讓她在關係的叢林裡自生自滅。人一旦長期得不到回應，出現心理學家從對狗的電擊經驗裡研究出的「習得無助感」——重複受挫，認為懷有希望是多餘的，於是不再嘗試、不再行動。曉薰習得不期不待，至少沒有傷害。

這一路下來，曉薰將問題聚焦在外表，讓身體變成戰場，所有問題都歸因是耳廓外形的異常。讓問題單一化，她就不用面對內心深層的感受，不用面對得不到愛的折磨。

身體是人與父母之間最原始的繼承，DNA逃不掉。關於整形，絕大多數人都同意，目的是希望獲得他人肯定，而獲得肯定的深處，正是想要被愛。

沒有得到被愛的感覺，引起曉薰容貌焦慮。她的整形不是帶著變漂亮的美好想望，而是帶著深層的憤怒，藉著手術改造那個不被人滿意的自己。整形混雜她內在矛盾的兩極，一方面是向主流審美靠攏，迎合父母的認同與接納，一方面是再造自己，斷開肉身來自父母的親子原始連結。

未解決的心理創傷、內在的矛盾，讓曉薰無法安在。

冀望整形之後從此美滿，和買精品包就能帶來幸福一樣虛幻。連自己都無法接納自己，自然無法相信別人會有善意。人際關係過度防衛，從被霸凌的人轉成為霸凌者。到頭來，自己也被反噬。

心受傷了，要從心開始修補，用整形來治療自己是醫錯位置。

曉薰要做的是停止動刀，好好撫慰治療內在，完整自己。

如果你和曉薰一樣

照顧身心，讓傷口癒合，是你目前需要優先進行的事情。當你忍不住，一定要往自己身上動刀時，先找心理師、精神科醫師聊一聊，讓專業的人幫助你。

不要拿自己去跟他人比較，誠實公平且客觀地看待自己。就當自己是另外一個人，旁觀這個人如何走過一路的坎坷，是什麼讓這個人走到今天？你會發現，你至少擁有強大的韌性與鬥志。

對父母的情感混雜生氣、不滿、愛和遺憾等等，種種矛盾的感受同時存在，會需要花一些時間來搞清楚，不妨參考附錄的「自我練習手冊III：情緒詞彙集」（三一一頁）來幫助自己。可以直接圈起你有的情緒，再像認識單字一樣，慢慢理解什麼叫做倦怠、空虛、苦悶、失落……

不要害怕有情緒，就讓它們當嚮導，帶你了解「到底發生什麼事？」體驗自己的情緒，幫助你去除不必要的心理負荷，讓生活變輕鬆。

學會對自己說「我愛你」，相信自己的獨一無二。逐步建立真正的自信，要相信自己可以給自己歸屬感與安全感。

如果你是曉薰身邊的人

如果你是曉薰的員工：

如果老闆是這樣的類型，不要試著想踏入他們的私領域、不要想和他們建立關係。因爲曾經受的傷，讓他們一時之間沒有辦法相信他人只是單純想靠近。你的示好，對他們而言可能是別有目的、另有所圖。認真將公事處理好就好，逾越界線對他們是種冒犯。

如果你是曉薰的另一半：

如果你的另一半是這樣的類型，提醒自己需要多點耐心。因為他們過去沒有好好被對待，只要一點猜忌，就會把他們嚇到豎起全身的刺。建立信任感是需要時間的。一旦獲得他們的信任，就千萬別辜負。因為贏得他們的信任不容易，破壞卻很簡單。

而且你可以多肯定他們，但不要言過其實，中肯表達你所欣賞的部分。不要肯定他們的外表或事業成就，那是他們已經拚了命努力在做的事情。他們需要你看見他們的本質，那些原本就美好的特質，並且持續肯定、幫他們建立安全感，陪他們建立自尊心。

如果你是曉薰的父母：

如果你的孩子如曉薰，你可能不知道為什麼他們就這樣拒自己於千里之外，甚至不相往來。你可能很難受，不懂他們為什麼不諒解。也許你不懂得如何回應，但是不要放棄理解他們，你的肯定、欣賞、接納始終會是他們重要的禮物。

⊙**情感關鍵字：**

憤怒、空虛、厭惡、自卑、被背叛

⊙**行動關鍵詞：**

提振自信心、降低容貌焦慮、自我接納

所有給我的，有一天都該還給別人吧！

朝顏的故事

外送員送來蛋糕，朝顏打開盒蓋，見到水蜜桃、藍莓、麝香葡萄切片，鋪滿在白色的鮮奶油上。突然間她胃部揪緊呼吸變得短促。還沒來得及將蛋糕放入冰箱就趕緊坐下，沉著臉色待在光線略暗的小客廳。

因為房東不願意更新門鎖，公寓大門在鑰匙轉動時出現喀拉喀拉的聲音，意外產生如門鈴的效果。平時她會聽到大門的聲音，但這次沉重的心情讓她忽略了環境音，直到門被推開，先生大聲地說：「生日快樂！」朝顏立即從椅子上彈起，指著茶几上的蛋糕盒子大聲問：「這是什麼？」她的聲音因激動而拔高。

「妳的生日蛋糕啊！聽說這家很好吃。」朝顏的態度讓先生也警戒起來，但他放輕尾音，意圖壓下掩飾不悅。

「你花了多少錢？」朝顏的語氣聽起來有著滿滿的責備。

「印象中是三千多塊。怎麼了嗎？」先生繼續壓低音量說話。

朝顏不再吭聲，急忙轉身步入房間。出來時，將紙鈔和硬幣往茶几上放。

「我查過了，三千六百八十元。還給你！」

「妳這什麼意思？」先生音量變大。

「早就跟你說過不要送我禮物、不要為我慶生。要吃蛋糕我自己會買。」

「又來了！妳很無聊，每一塊錢都算那麼清楚。」

「我就是不想欠別人。」

「妳很清高是嗎？愛算，是不是大便妳用幾張、我用幾張衛生紙，都要一張張算清楚？神經病！」

聽到這，朝顏順手一揮，茶几上的蛋糕掉在地板上，水蜜桃等水果裹著奶油散在地板上。

先生提早下班，又塞一個多小時的車回家慶生，卻演變成現在這場面。先生也火了：「妳病得不輕，故意計較這一、兩塊錢的寒酸生活，是要證明什麼？」

「你閉嘴！」

「妳有多少錢和我無關，如果妳怕我占便宜而故意裝窮，大可不必！」

「你閉嘴！」

「妳是要測驗我嗎？那妳成功了，我過不了妳的測驗，我他媽的不想要過這樣的生活！幹！為什麼我要住在這麼鳥不生蛋的地方，上、下班塞車塞到爆。你有問過我想不想這樣過嗎？不想，我不想。」

「你閉嘴！」

「妳憑什麼要我閉嘴，我不是妳家長工，少來這一套。我告訴妳，不是每個人都怕妳家，也不是每個人都想要妳家的錢。我賺的不多，但我沒有那麼不堪到要圖妳的錢。妳不用對我裝可憐。裝清高，妳要演給誰看？」

「演給誰看？」朝顏不自覺地複誦。

「幹！」先生跨過地上裹著鮮奶油的麝香葡萄，重重甩上門。

「演給誰看？」這句質疑在朝顏的腦袋迴盪。她強迫自己放慢呼吸，吸氣、憋氣、吐氣再吸氣、憋氣、吐氣。「演給誰看？」腦中出現前一陣子看電影落幕時片尾長長的演員名單、工作人員名單、感謝名單。這是她的習慣，看電影時總是看完最後長長的名單再離席。

朝顏知道等著見證她沒出息、等著看她出糗的人，排起來比電影片尾的名單還要長得多。「演給誰看？」朝顏她不僅不想要有觀眾，她一點都不想登場。

◦我身上的標籤，只是裝飾

朝顏有記憶以來，總是梳著公主頭、穿著小碎花、蕾絲洋裝參加活動。身邊的人對她殷勤客氣，甚至有點小心翼翼。她是媒體筆下含著金湯匙出生的「小公主」。

「小公主」有自己的任務，要出席家族重要活動。她有專門的禮儀老師教導，例如雙腳要怎麼併攏、鞠躬的角度，禮貌地對人微笑但不能笑得太過。朝顏有時要上台表演拉小提琴，她很早就發現，不管她拉錯多少音符根本沒有人在乎，只要表演結束一定有如雷的掌聲。大人們一定會走到她媽媽面前，用誇張的語氣說：「妳女兒真是厲害、真是天才。」媽媽笑吟吟地回：「謝謝，過獎了。」

朝顏的任務是媽媽與叔伯妯娌之間的競爭，她要代母出征，讓鎂光燈打在他們這一系。內向害羞的朝顏其實不喜歡被關注，上台前她會緊張胃痛，表演前幾天她會便祕，但她無法拒絕被推到台前。

那些漂亮的衣服、晶亮的皮鞋並不舒服，媽媽說頭髮梳緊一點看起來有精神，但梳太緊總讓她頭皮痛。她不敢抱怨，因為媽媽理智斷線時很駭人。

小時候，有一次寒流來襲，媽媽要朝顏穿上粉色外套，但她想穿藍色夾克。兩次拒絕媽媽，第二次聽到「不要」兩字時，媽媽把她拖到浴室，一把抓起蓮蓬頭就往她身上沖冷水，一邊說：「不要？妳敢跟我說不要？這輩子我最恨人家跟我說不要！妳憑什麼跟我說不要！」媽媽把一身濕淋淋的她鎖在浴室，載著妹妹出門去。

在浴室抖一整天後，朝顏的感冒變成肺炎。住院期間，訪客絡繹不絕。媽媽在醫院照顧她，溫柔地替她拉棉被、餵她吃藥，餵她喝雞湯時還將湯匙放在嘴前輕輕呵氣弄涼。媽媽謝謝訪客的周到，眼眶發紅說：「看到孩子這樣受苦，擔心到整夜沒有睡覺。」

訪客前腳才離開病房，媽媽轉頭就對朝顏說：「都是妳害我這麼難過。妳就不能學一下妹妹嗎？」

妹妹琴拉得不好，功課不好，但朝顏知道，妹妹比她聰明、比她會說話。妹妹甚至教過朝顏如何應付媽媽。

「不管媽媽說什麼，妳都說『好』、『對』、『是』，這樣就沒錯。」妹妹嘴角微微一撇。

「但這樣是說謊，萬一後來做不到怎麼辦？」朝顏一臉擔心。

「妳傻啊。沒有人會注意到後來。」妹妹聳聳肩表示無奈。

我的人生無法作主，只能任由擺佈。

媽媽是否因為妹妹的伶俐而偏愛她，朝顏並不確定。媽媽對她說：「妳再不聽話，家裡的財產會全部給妹妹。」但妹妹告訴她說：「媽媽威脅我，說不聽她的指示，以後錢都會給妳，我一塊錢都別想得到。」

朝顏厭煩媽媽拿錢壓人，妹妹說：「那個女的沒有搞清楚，家裡的錢不是她的，她的姓跟這個家根本不一樣。」妹妹的話讓朝顏聽得一愣一愣，接著還聽到妹妹說出不知道該怎麼回應的訊息，「我拍到她和男友的照片，她不敢對我怎麼樣。」朝顏嚇到了。

爸爸第一段婚姻在蜜月時發生車禍，新婚太太當場死亡。媽媽是爸爸家族公司的小會計，年輕時被婆婆相中，照顧喪妻後一蹶不振的爸爸。

爸爸二婚時連宴客都不願意，沒有披白紗讓媽媽耿耿於懷。她快速生下朝顏和妹妹，想再生個兒子鞏固家族地位，但是爸爸說夠了，直接搬到家裡另一層樓住。掛名公司董事的他，非不得已才會出席會議，多數的事完全不管。

不只是公司的事情爸爸沒興趣，每年朝顏和妹妹的生日一定會有盛大的慶生活動，爸爸連來唱《生日快樂歌》都不願意。

生下朝顏之後，媽媽將每一筆開銷記錄得清清楚楚。朝顏中學時為了跟同學一起買偶像周邊商品，媽媽那天心情不好不願給她錢，朝顏說要用自己的錢付。媽媽把帳冊攤到她面前：「告訴妳，妳連放個屁都是花我錢才放得出來的。妳要搞清楚，妳哪裡來的錢？等妳有本事再來跟我爭。」

朝顏姊妹外表光鮮亮麗，但是沒有零用錢。媽媽說她們不愁吃穿，要什麼她會付。問題是，所有標準都以媽媽為憑，只有她點頭的才算數。放學後，其他同學可以一起去逛街、吃東西，假日一起出遊。但這些活動，她們統統不被允許參加。她們可以邀請同學到家裡作客，家裡的傭人會準備大量的水果、零食、飲料招待。臨走時，還有帶回去的伴手禮。

朝顏媽媽用錢來當控制孩子的手段。女兒們是媽媽豪門鬥爭中的重要籌碼，將女兒緊緊握在手中，才能保有話語權、才能擁有權力。

朝顏有如無薪的演藝人員，任由媽媽這個經紀公司安排。

高中時，她參加熱舞社被媽媽知道後，說她露肚臍跳舞和野雞沒兩樣，禁止她參加。這次朝顏學妹妹陽奉陰違，繼續偷偷來。反正都在學校練習媽媽不會知道。

有次社團練舞要找老師編舞、買表演服裝，需要大家分攤師資費用。負責收錢的社團幹部好幾次提醒她要繳錢，但朝顏已用光從過年紅包袋偷偷藏下來的錢，沒錢繳的朝顏窘到面紅耳赤。

朝顏鼓足勇氣向朋友借錢，對方半開玩笑地說：「妳要跟我借錢？開什麼玩笑？還是妳在羞辱我？」最後，朝顏把媽媽給她的香奈兒小錢包「讓」給朋友，才換來交給社團的錢。

◦我要得越少，糾紛就越少

家族廠房擴建時有違建戶自殺抗議，扯上地方政治角力，媒體大篇幅刊載。朝顏家附近有狗仔隊偷拍照片，同學在背後說她家是黑心企業，還說她是「假公主」。朝顏見過自殺住戶的家人，裡頭有個年紀和她相當的女孩。

對於家族事端，不服輸的媽媽在慈善活動酒會後，私底下對拿著名牌包的貴婦群說：「真倒楣，遇到腦袋打死結的窮人，自己吊上去。」眾人聽完之後訕笑。朝顏覺得那些假惺惺的臉讓人不舒服，媽媽理直氣壯的態度最是噁心。她剛剛才在台上說：「感恩惜福，能有機會回饋社會是福報。」

那些偽善的對話，讓朝顏覺得噁心。家族搶了人家土地，害人家的爸爸自殺。她一陣反胃，來不及站起身來，嘔吐物噴在白色蕾絲洋裝。從這一天起，朝顏覺得自己好髒。

沒多久，爺爺因跌倒意外過世，媽媽以長媳身分代父親和叔叔、姑姑們為遺產大打官司。朝顏不敢想這個家供她吃喝的錢，有多少是來路不明。她開始覺得無故來的好事，最終都是要還的。

壓力最大的是，大學還沒有畢業，媽媽居然要幫她介紹那些富二代、富三代。妹妹說得直接：「她是在賣女兒嗎？也不看那些公子哥是什麼樣子。」錢是媽媽用來控制她的毒餌，要小心。朝顏盡量縮減物質需求，家裡要給她東西，她能拒絕就拒絕，將生活維持在最小需求限度。

朝顏沒有聽從安排出國讀書，也拒絕相親。畢業後她替自己改名字，隨手翻開植物圖鑑看到牽牛花又名朝顏，就用這兩個字。她租了一間小小的套房，在一家中小型公司上班。

她絕不占別人的便宜，同事慶功請喝奶茶，即使放到她桌上也會默默還回去。為了避免需要向同事借筆，開會一定帶兩支以上的筆。搭便車這些事更不會發生。真的推不掉的禮物，她一定找價值加倍的東西回送給對方。

朝顏物質生活的簡單到近乎簡陋，朋友以為她可能家境清寒，或是極簡主義生活的實踐者。和先生交往時，朝顏絕口不提家裡，論及婚嫁時才得知她的背景。先生覺得不被信任、受羞辱。她不知道如何讓先生理解，這是她捍衛尊嚴的一道防線。沒有這道防線，她沒有辦法理直氣壯地過下去。

婚後，朝顏也不花先生的錢。她不要禮物、不要過節、不要度假，有如花錢是罪惡。先生很挫折，不能理解朝顏苛刻自己有什麼意義，更因此在婚姻裡覺得好孤單，覺得自己一點用都沒有；朝顏知道先生不開心，但是她不知道怎麼辦。

「未來該如何走下去？」朝顏與先生都好茫然。

看看這道人生習題

同事出國旅行帶土產到辦公室當伴手禮，經過的人隨手拿幾片嘗嘗，順道問一句：「好玩嗎？」又或誰的業績達標，訂手搖飲、炸雞排請客。這些都是台灣上班族熟悉的場景。

沒有人規定一定要帶伴手禮，請喝飲料也不是規矩，而是某些辦公室文化，是人際之間自然形成的默契。今天你給我一些下次換我來，有形、無形的交換累積出感情，建立起關係。

人與人之間的交換行為每天每處發生，有學者就主張：「人類的所有行為都是交換，社會交換以各種形式存在。」即使是沒有能力的嬰兒，也能以惹人憐愛的笑容回報給照顧者。

一方給予，另一方接受，往復互動，這是人際交換的基本原則。若只想索取卻不願付出，往往會被視為自私自利，並招致批評和責難，甚至被稱為「白眼狼」、「自私鬼」、「吝嗇人」。對於那些不願付出的人，大家的態度通常是帶有明顯的不悅。

對於那些只願意付出卻不接受他人給予的人，接受方情緒是複雜的。起初，這種行為可能被視為無私大方、不計較，但隨著時間推移，接受的一方反而會感到不安與不適。過度的矜持與客氣，在彼此之間築起一道高牆，阻礙了交流，也暗示雙方的關係其實並未達到真正的親近。

客氣意味生疏，日劇《重啟人生》（ブラッシュアップライフ）裡，女主角麻美為能再度投胎成為人類，經歷五世的命運循環。她有兩位很重視的兒時玩伴，這兩

位摯友重要到她一度轉世就是為救她們。當時小學生之間流行收集貼紙並彼此交換，越稀少的貼紙越珍貴。保有過去記憶的小學生麻美和玩伴交換貼紙，兩位玩伴大方地讓麻美先選，她們自己選的時候只挑選稀鬆平凡的圖案。她們的客氣行為讓麻美懂了：「自己被當成外人，進不去她們緊密的友誼圈。」

真正的朋友不會過度客氣，會在需要時坦然向對方求助，也不會因對方的一點付出而感到過意不去。人類天生渴望認可與存在感，喜歡被人需要。

拒絕他人的好意，表面上似乎無傷大雅，卻在互動關係傳遞出「我不需要你」的訊息。被拒絕的一方衡量自己善意未被接受，自然會保持距離。

《鐵達尼號》（*Titanic*）裡，傑克為救蘿絲犧牲自己，而在冰凍的海水裡殞命，這一幕讓它成為經典愛情電影。「我願意為你」，彼此相互扶持是愛的基石，多次被拒絕可能會讓對方開始質疑自己：「我是不是哪裡沒做好？」、「我是不是不夠好？」自我價值被否定，會逐漸侵蝕兩人之間的情感連結。

過度依賴的關係讓人疲憊窒息，而過度獨立卻也會讓親密無以為繼。無法接受對方示好，不容妥協的絕對態度，其實也藏有著隱性的自卑、傲慢與自戀。

◦金錢的糾葛，感情的難題

在施與受之間，錢是最赤裸裸的媒介，關係裡沒有比錢更敏感的議題，它如一面鏡子，反映出人的本質。

豪門恩怨的基本元素環繞在資源的競爭。金錢力量有多大？因爭奪財產而買兇殺掉前夫的「Gucci 夫人」派翠吉雅．雷吉亞尼（Patrizia Reggiani）有句名言：「我寧願在勞斯萊斯裡哭泣，也不要在腳踏車上笑。」

血緣是家族權力來源，朝顏家族裡儘管父親不管事，但他的存在位置就是影響力。在家族要擁有資源，必須依附於他。母親因先生而躋身上流，但先生對金錢無欲無求，淡出人夫、人父角色，在車禍後困在自己的世界，走不出來。

在家族權力的傾軋裡，飛上枝頭當鳳凰的母親，將自己對金錢、地位的不安，投射到孩子身上。未成年的女兒是她權力的依憑，將女兒推到人前，既是炫耀也是展現權力。以金錢當作控制子女的工具，讓自己有掌權的安全感。

「妳吃我的、用我的，都是我在付出。」這些話聽在孩子的耳裡，形成內心的虧欠感，彷彿自己的存在就是負擔。誤解順從時自己才有存在的價值，因此壓抑個人想法來配合父母；不順從時便出現內疚感，覺得自己忤逆對方。這些長期的情緒壓抑，都可能導致焦慮或憂鬱。

「如果妳不聽話以後就得不到財產。」在親情裡用金錢勒索感情，本該無價的感情，被當成有價交換，這將使得親子之間無條件的愛消失，也無從建立親密感與信任感。

「如果妳不聽我的話，財產就會給妹妹。」以這點當作要女兒聽話的條件，不僅挑撥子女的情感，也讓孩子認為自己「不配」擁有，不相信自己的存在價值。

◦她的一芥不取，卻成關係的地雷

朝顏物質豐裕但情感貧乏的成長過程，讓她對金錢與物質有了抗拒態度。她不認同家族獲取財產的方式。因此，她用不需要依靠他人來捍衛自我價值，強烈地採用「一芥不取」的態度保護自己。

在與家族對抗時，朝顏減少金錢往來，減少糾結的痛苦，以這樣的防禦方法保護自己的內在。但是這個方法過去有用，放到伴侶之間不僅失效，還造成問題。

如苦行僧般嚴厲節制物質需求，無視於伴侶的感受，不讓對方有機會付出，這不是健康關係該有的樣子。

金錢議題讓朝顏無法如實地踏入生活，難以建立親密關係連結。只要她能敞開心懷接受他人善意，脫下懲罰自己的金箍咒，就能解除關係地雷，真正地過生活。

如果你和朝顏一樣

鬆動自己窒息的信念，幫助自己從過去的陰影中走出來。

金錢是中性的，是人類賦予金錢意義，所以這次就由你來改寫錢的意義吧！選擇一個你認同的公益團體捐贈一些錢，金額大小不重要，而是去體會捐贈的感受，如果是正向的就繼續練習。

慢慢建立與金錢的正向關係，試著接受他人的善意。先從小額開始，注意自己讓對方付完錢之後出現什麼樣的感受。如果你無法描述，請使用附錄的「自我練習手冊III：情緒詞彙集」（三一一頁）來幫助你。

如果感覺不自在、焦慮，這是正常的。讓這些感覺多停留一下。過去你可能馬上拒絕來去除這些不舒服的感受，但現在刻意練習不做反應，單純觀察情緒就好。練習接觸情緒一段時間之後，將注意力移轉一些到對方身上，觀察你可以接受對方買單時，彼此之間的氣氛如何？

一次又一次地練習，慢慢產生出一些新的經驗。你會發現，當你改變自己之際，關係也會跟著不同。

如果你是朝顏身邊的人

如果身邊重要的人，不肯接受你的好意，想必會讓人十分挫折。不懂為何明明是好意，卻被嚴厲抗拒甚至態度不友善。

如果你是朝顏的父母：

像朝顏這樣的孩子出現拒人於千里之外的態度，會讓你心中有十萬個為什麼在吶喊：「為什麼他們要這樣對我？」也許你會急著想解釋，或想用更激烈的手段應對，例如想給更多錢、斷絕資源。切記，這些方法對他們沒有用，反而會適得其反，讓他們更強烈反彈、躲得更遠。

不要強調自己為他們付出多少，這是情緒勒索，正是他們避之惟恐不及的。如果你意識到自己可能有哪些地方做得不好，或是誤解他們了，就試著道歉或釋出溝通的善意吧！然後給他們一點時間。

就像種花時，整土、埋下種籽，給予陽光、空氣、水，接下來你能做的事情，就是等待。

如果你是朝顏的另一半：

如果你的另一半像朝顏這樣，試著想像他們內在有個受傷的孩子。帶著沒有癒合的傷口自然怕被碰到，別急著脫下他們用來保護自己的盔甲、不要強迫對方接受你的好意，例如硬為對方付錢、為對方準備東西，這只會造成他們的困擾。

現在他們需要的是尊重而不是被照顧。拒絕是他們過去保護自己的方法，現在雖然不需要這樣做了，但他們需要練習的機會，好學會對自己有信心。不妨尊重他們的選擇，順著他們的行事風格，給他們安全的空間。當他們覺得備受尊重、有足夠的安全感，就能漸漸增加信任。這時你伸出的手、你的付出，就能慢慢被接受。

當他們還無法自然接受你的好意時，不要氣餒、不要自責還有哪裡沒有做好。你要知道，那是他們個人的議題，讓他們自己沉澱消化。

如果你有朝顏這樣的同事：

就維持各自安好的距離吧！他們會是個做事有效率的好同事，不要過度探問個人私事。當你請大家一人一杯珍珠奶茶，而他們客氣不拿時，他們只是拒絕一杯茶，而不是拒絕你。

⊙**情感關鍵字：**

無力感、焦慮、恐懼、憤怒

⊙**行動關鍵詞：**

社群連結、避免情緒隔絕、降低自我防衛

對不起！我來做，你不要生氣好不好？

向葵的故事

「一群人喝酒，喝光了沒有人要出門買。我就去把啤酒一箱、一箱扛進來。別人說怎麼讓女生做這麼粗重的事，這時我的男友在一旁說：『沒關係！沒關係！讓她去就好。』當時我真的沒有意識到自己這樣做有什麼問題……」Podcast 節目裡，有個女生正在說著談戀愛時如何無意識地做牛做馬。

向葵聽到這裡，不自覺地輕輕點頭。如果能夠參與他們的談話，她想說：「扛啤酒是小事，還不完的帳單才是惡夢。」她手機裡滿滿都是銀行催繳的訊息，車貸、信貸、卡債，每一則都在提醒向葵男友曾經存在。

當時的男友滿腹理想創業，她自動當後援，忙著繳帳單、調頭寸，甚至當人頭借信用貸款。

某個下雨天，男友人間蒸發。那是不尋常的一天，發布陸上颱風警報，主管硬要她為報錯價的同事善後，理由是一貫的：「妳來做，比較可靠。」忙到半夜，風雨中回到家，客廳反常黑漆漆，以為是斷電。

開燈後，覺得哪裡怪怪的，原本放無線喇叭的位置空了，再開臥室的燈，男友的東西不見了。向葵撥打男友手機不通，訊息不讀不回，瘋狂找人的三天後，向葵腦中有股聲音說：「看吧！終於發生了。」

當男友借的錢越來越多，向葵的心情如玩一場恐怖遊戲，融合害怕與亢奮。她隱隱約約想過男友會一走了之，將捅出來的爛攤子留給她。但她只能想到這裡，她的大腦不願再繼續想下去。

「妳白癡喔，賺錢不會自己花，為什麼要一直把錢丟到水裡？」朋友為她如同男友的奴隸一樣而抱不平。向葵傻笑，不知道該如何回應。她羞於說：「當他拿到錢時，原本緊繃的臉瞬間放鬆的那一刻，我覺得自己是個有用的人。」這種有用的感覺，讓向葵無法從丟錢遊戲中抽身。

總結一句話，向葵見不得男人從高處跌下後失志的模樣。

缺乏動力、缺乏目標、沒有自信、沒有決心、無法自律，把自己過得像一灘爛泥的男人，向葵從小看到大。

。沒人要做，我撿起來做

向葵的爸爸當過軍官，收假回營前到學校找她和弟弟。同學以羨慕的眼神看向一身筆挺制服、閃閃發光的爸爸。牽著爸爸手的小向葵好驕傲，和弟弟一起走在光環裡。

後來，爸爸沒有再返回營區，留在他口中好山、好水、好無聊的村落。他頻繁與朋友喝酒，脾氣越來越糟糕，一點小小聲音都會讓他勃然大怒。鄰居的狗也被他的咆哮嚇到汪汪大叫，小小村落都能聽到吵鬧聲。

酒後夜歸的爸爸會叫醒一家人，質疑他們憑什麼偷懶，要她和弟弟背功課。媽媽一回嘴，爸爸就想踹人。警察來了又走，媽媽騎好久的車去驗傷。清醒時的爸爸靦腆寡言，眼神迷離地穿過屋簷望向遠方。

家裡沒錢，媽媽離家到都市工作。媽媽回家過一次，她說馬上會去日本工作，要向葵好好照顧弟弟。爸爸酒喝得更兇了。

有一天爸爸消失不見了，留她和弟弟在村落裡。

向葵和弟弟輾轉住到親戚家，最後轉學住到台北姑姑家。姑姑在她面前大罵她媽媽不守婦道，拋夫棄子，更警告向葵以後千萬不能學媽媽。只要有點不順心，姑姑就會說：「和媽媽一個樣不知羞恥。」

姑姑抱怨弟弟吃太多飯浪費錢。國中生的向葵在餐廳當洗碗工，拿到的錢一毛不剩全上繳。姑姑拿到錢的時候會閉嘴一、兩天。多年後向葵才知道，媽媽雖然不在台灣，但有透過人轉付他們姊弟的生活費。向葵體驗到錢的力量，錢能堵住別人的嘴、錢能換來尊嚴。

別人不要的班，向葵一律接。她最好使喚、最好說話。有次大夜班的人翹班去找女友，她默默繼續站櫃台。早班突然說家裡有事沒辦法到，向葵就這樣在便利商店裡連上了三十六小時的班。等到有人來交班後，她直接昏倒在貨架前。

沒人要做的事就撿起來做，遇到事情先道歉再說。從打工兼職到全職，這是向葵一貫的態度。

男友搞失蹤時，剛好遇到公司同事集體跳槽，競爭公司開兩倍的薪水挖角。前主管找她過去帶部門，老闆雙眼紅腫拜託她留下來，說沒有她公司會垮掉，他的一生心血也毀了。她知道這是「屎坑」，但一個大男人說到只差沒有跪下來，她害怕拒絕會被指責是忘恩負義，更不想看到老闆失望的眼神。

向葵暫代主管職一人當多人用。同事看她好說話，使出拖延、擺爛、卸責招數，她只好撿來自己做，把別人的事當自己的事處理。老闆吝嗇，不願意補充一些辦公耗材，她自掏腰包買來給同事用，犧牲了自己的利益、機會、時間、金錢。

老闆看她任勞任怨，也就順水推舟不補人。感情失利、工作過勞，身心交瘁的向葵病倒。住院期間，老闆應徵人來當主管，新主管陸續增補三個人力的缺。

向葵想問老闆為何這樣安排，但她開不了口。只好怪自己身體太差，愧疚自己造成麻煩，繼續在新主管手下做事。

我聽話照做，是不是對大家都好。

男友搞消失，他留下的債務倒是不離不棄。銀行沒在客氣，每個月薪水入帳，就扣走向葵三分之二的薪資。

為還債，向葵下班後到酒吧當調酒師，領日薪才能不讓銀行追到帳。她放下白天挽起來的波浪燙頭髮，金色的挑染和向葵的名字很搭，金黃燦爛而明亮。

善於察言觀色，讓向葵在酒吧裡有很好的發揮空間。客人還沒有開口前，她就注意到客人的需求，她靜靜看著周圍，不主動攀談留給客人空間。

深夜吧檯，聽到好多離譜的故事，如她一樣的笨蛋不少。

錢還掉一些的時候，男友若無其事地出現，笑著對她說：「帶妳出門走走！」船過水無痕，雲不會在天空留痕跡。自己幹過的所有鳥事男友都忘記。

男友開著向葵還在分期繳款的車，來到北海岸一間靠海的餐廳。不遠處有人在衝浪，她捲起天使細麵送入口中，「好吃。」

男友沒有問她這一段時間過得如何，沒有談到還錢，就只是興奮地談著他的新計畫，更談著計畫完成之後就可以……男人夢想著將來，還沒有說到下一句，向葵開口問：「你要搬回來住嗎？」

男友沒有答話，順理成章地住下來。向葵五點起床，在上班前做早餐給男友吃。一開始，男友勉為其難地起床送向葵上班，才過幾天，他連起床都懶，一路睡到下午。

向葵上完夜班回家，早餐的三明治仍舊好好地擱在餐桌上，啤酒罐散落桌面。問男友怎麼不吃，他粗聲粗氣回：「起床都下午了，吃什麼早餐。」順口吩咐冷氣壞掉得叫人處理，說完繼續玩他的遊戲。

向葵默默收拾餐桌，帶回來的宵夜就擱在椅子上，要男友多少吃一點，沒有得到回應。

因為升息，向葵還款的壓力更大了。她問男友工作找得如何，卻討來一頓挨罵：「幹！我的事輪不到妳來管。破麻！」

男友瘋狂撂髒話，說全世界都在和他作對。他不停咒罵，說要去把銀行炸掉，大不了大家一起死。

向葵向暴怒的男友下跪：「對不起！你不要生氣好不好？你不要生氣了好不好？」男友踹過來，向葵撞到桌角，眼前一片黑。第二天，厚厚的粉底蓋不住額頭的瘀青，但月底工作量大，她不好意思讓同事忙，不敢請假。

老闆說經濟不景氣，要大家皮繃緊一點。主管為衝高業績假造合約，向葵不想在合約書上簽字，老闆拜託她說：「妳不簽會害公司倒閉，害大家沒飯吃。」她一時心軟，拿起筆簽名。

公司好多事情要處理，男友要投資的錢不夠，要向葵去找朋友借錢。她不知道要向誰開口，又不想看男友發脾氣的樣子，她真的不知道該怎麼辦……

看看這道人生習題

「妳不用一直說對不起啊！」編劇說。

「對不起！我有這個壞毛病，我會注意。」導演回答。

日劇《落日》（らくじつ）首集用簡短兩句對話，勾勒出劇中主角女導演的性格。導演要在片場裡發號施令、掌控全場，怎麼會動輒道歉討好對方呢？戲裡以細節透露出反差，埋下故事伏筆。

向葵也是這樣，習慣將自己放在低低的位置，放低姿態討好他人，漸漸地將日子過成事故。

如向葵這樣習慣性討好的人，會輕易就在群體裡面展現出一些行為表現：

一、**害怕衝突**

#不輕易表達想法或感受

和對方態度、意見不一樣的時候，會自動隱藏想法，認為說出想法、表達出情緒，對方可能不會接受，或是覺得不高興。甚至一不小心變成衝突。將接觸的真實反應，視為冒險的行為，覺得為了避免風險，默默吞忍反而比較容易。

#無意識地一直道歉

「對不起……」、「不好意思……」、「真過意不去……」只要覺得他人有所不便，不管是不是自己的過失，就將錯誤攬在自己身上，反射式地主動道歉。頻繁地主動道歉，不一定是真的認知到自己的行為或語言有何不當，而是先怪罪自己，防禦性地避免讓對方不悅，避免衝突。

二、**擔心他人評價**

#總是不懂得拒絕別人

過度在意別人怎麼看自己，害怕自己不被喜歡，顧慮拒絕別人可能惹得對方不高興，影響到對自己的看法。所以盡量避免拒絕別人，有時即使是犧牲個人利益也沒有關係。

#害怕被討厭而迎合別人

為了避免被人討厭而引發恐懼、焦慮、懷疑等內在負面感受，寧可壓抑自己的需求，轉為迎合別人，也不要冒險碰觸到不好的感覺。

#對他人行為表現敏感

總是敏銳地觀察他人臉部表情的細微變化，專注對方說話的音調高低，藉此感受與覺察對方的情緒變化。對他人的行為表現也很敏感，對方稍有變化，就馬上檢討是不是因為自己的原因所造成。

。討好性格的養成

對孩子來說，被父母捨棄是極度恐怖的事情。當父母發生衝突時，意味著穩定的關係產生變化，家庭有改變的危機，要面臨不可知的結果。

因此，孩子會本能地保護父母的關係，好讓他們的關係能夠持續。例如，有些孩子會到處作亂以吸引父母注意，有的孩子會變得異常乖巧避免讓父母傷神。父母爭吵時強烈的情緒反應，也容易讓孩子認為是自己造成的，譬如「因為我不乖，所以他們吵架」，將父母的行為變成是自己的責任。

向葵父親的酒後暴力將家庭推向破裂的結局，家庭暴力對孩子會留下無法抹滅的陰影，許多受暴或目睹受暴者，即使成年之後仍飽受心靈世界瀕臨崩塌之苦。

婦女救援基金會在「童年目睹家暴經驗調查整理」中，引用姜琴音的研究〈目睹父母婚姻暴力之成年子女心理經驗初探〉（**應用心理研究：三十二期，一六五至一八一頁**），表示：「童年目睹婚姻暴力的成年子女，因家暴事件所形塑的心理內在經驗，常會有自卑、羞恥、憤怒、害怕、恐懼、痛苦、受傷、難過、怨恨、同情、不忍、憐憫、被侵犯、罪惡感等等感受，會因避免暴力事件的發生，為了爭取安全而努力奮鬥。當目睹暴力的生長經驗內化成自我認同的重要部分，長期受到父母的言語貶抑與不信任的對待，也會內化父母管教子女的正當價值，造成家庭暴力的代間傳遞（**全文可參考婦援會官網：https://www.twrf.org.tw/info/title/1104**）。」

許多研究也顯示，曾經歷、目睹家庭暴力的孩童，成年之後有較高機率出現情緒困擾，造成過度疏離或依賴人際關係，也會比較難以信任他人，更可能複製衝突模式，甚至是難以面對衝突情境。

輾轉寄居仰賴他人鼻息生活，強化向葵觀察臉色的能力，時時繃緊神經注意他人的需求，儼然成為她求生存的應對反應。

聽從對方的話、順從對方、符合對方的規則、滿足對方的需要。換句話說，完全壓抑了屬於自己的想法、意見與態度。心理學大師維琴尼亞・薩提爾（Virginia Satir）曾提到，討好生存姿態是「乞憐、討愛、等著被愛、等著被在乎、等著被看見」。

向葵的父親從軍官變成失意的酒鬼，母親離開家庭。這些迫使她不得不放下孩童的爛漫無憂，成為小大人，擔心大人的擔心、憂慮大人的憂慮。她被迫當起小大人承擔照顧弟弟的責任，扮演「拯救者」的角色，這使得她日後習慣性地照顧和解決他人的問題。

失去童年的她，內在又沒有機會跟著長大，心裡仍藏著一個憂心的小孩。讓她特別渴望沒有衝突的祥和世界，為迎合他人而不敢為自己發聲。

。人很好，卻不真實

過度迎合他人，會讓人陷入無止境的內耗與惡性循環之中。

在人際關係中，起初，當事人往往會聽到充滿情感的回饋，例如：「你真是太體貼了！」、「你怎麼這麼了解我的需求？太讓人感動了！」

友善的態度能讓人產生好感，讓一個人在團體中獲得初期的好人緣。如果相處時間只到這裡，就會停留在「人很好」的表面評價與印象。然而這是耗費大量心神，觀察入微與體貼表現換來的。長時間相處之後，問題就來了：

看起來人很好，但難以進一步互動。

對任何人都笑顏以待，互動卻沒有因為交情深淺而有所差異。因為這股和善是出於忌憚對方的反應、害怕對方討厭自己，而非有好感。沒有敞開心房真正關心對方，這樣的人際交流並不真實。

討好者與人相處久了，與人關係看似熟絡，但沒有相對等的深度，對方會有一些無法解釋的感受，例如「說不上來哪裡怪怪的」、「人很好，但假假的」，甚至扭曲為「感覺城府很深」。

另一方面，被討好的一方起初會對付出心懷感激，但隨著次數增多，為了維持自己的認知協調，感激逐漸轉變為理所當然。一旦對方停止全然迎合，反而會遭到怪罪，甚至被質疑「變了」，引來「沒受到應有對待」的抱怨。而這種現象恰好印證了討好者內心的恐懼——不配合對方，果然會被討厭。

討好的人因長期壓抑而自我意識逐漸萎縮，最終不知道自己真正想要什麼。變成長期在團體噤聲，處境如同褪色的壁紙，雖然存在，卻少有人留意。

討好他人是一種委屈的付出。即使遇到不愉快的事，內心再如何吶喊：「我都已經做到這種程度了，怎麼可以這樣對我？」卻仍難以開口表達。一切情緒僅在心中流轉，外人難以察覺任何不滿。當委屈層層堆積到無法承受時，討好者往往選擇在心裡默默與對方「斷交」。然而，對方可能毫無察覺，只覺得對方的冷淡突如其來，感到莫名其妙。

當情緒忍耐到爆發時，形同沒有任何警示的火山爆發，無預警地讓傷害超過事件本身的合理反應。向來被認為「好好小姐」或「好好先生」卻有反差行為，之前的「好人表現」反而被曲解成都是在偽裝。

。破壞關係的兇手其實是自己？

單向迎合討好另一半，注定是一本「真心換絕情」的腳本。

向葵這樣的討好者，擅長解讀對方心意，默默把對方需求放在優先位置。即使知道要求不合理也會勉強接受。

「以為做出很多，沒有可嫌棄之處。」但是，愛情是有你有我，是兩個人的事。當雙人舞變成獨舞，被晾在旁邊的另一半，變成可有可無的背景。沒有登場機會的人覺得煩、覺得悶。為了改變這不舒服的感受，開始挑剔對方，製造衝突改變局面。但對極度害怕衝突的討好者來說，只會更加迎合討好對方，意圖平息衝突。兩個人的互動陷入惡性循環。

老歌《兩忘煙水裡》唱「獻盡愛，竟是哀」，六個字說盡討好者的心情。然而，善於討好迎合的人，最會的就是「忍！忍！忍！」。他們在關係裡痛苦耐受的能力是奧運等級，不會主動選擇分手或離婚，而是盡全力忍讓、拖延，直到親密關係千瘡百孔，對方受不了而「遺棄」自己。

一邊唏噓自己所遇非人，卻常常忽略——扼殺關係的其實可能是自己。

。在職場表現友善錯了嗎？

不懂得拒絕別人，淪為辦公室內的「便利貼女孩」、「YES先生」。

有些人進化為隱藏版討好。他們對被交辦的任務使命必達，如果設定目標是一百分，他們會做到一百二十分。為求盡善盡美，壓縮私人時間，為公事爆肝是常態。進化版討好者表現出盡責、賣命、協調性高等態度，看似不計較的付出，隱藏著等價交換的期待，需要被看見、被肯定。

但是，職場上本來就有許多模糊空間，不想做的事情有人做，自己樂得輕鬆；也有人覺得這樣情緒勞動值太高，不見得樂意有人「雞婆」。悶著頭做久了，內心難免產生不平：「為什麼只有我在忙？」、「憑什麼其他人都不用管？」但是他們不會把這些心聲說出來，頂多私下向朋友抱怨，但這無法改善現況。

與人為善的態度，讓他們在團隊協作順暢，但職場的本質是既合作又競爭的。他們處處相讓，習於用「我們」是一體的來看事情，所以要顧全大局，但這並不利於從競爭中脫穎而出，因而讓他們常常遇到挫折，覺得「我付出那麼多，為什麼被升遷的人不是我？」

擔任主管職務時，不想當壞人，處處討好的習慣變成弊大於利，遭遇的挫折更加劇烈。

主管角色需要指揮與仲裁員工之間的矛盾，需要大量與人溝通協調，在不同的歧異之間合縱連橫。想要皆大歡喜、不想讓人討厭，表現出來則會變成仲裁衝突時無法果決，變成不敢扛責任的「無能濫好人」。迎合他人期望更容易被解讀為見風轉舵、做事沒有原則；遇到問題時過度檢討自己，而不會要求別人，更成為管理上的盲點。

從生命之河回溯，童年的創傷，影響向葵的自我價值、對環境的認知。她忽略自己需要什麼，而把他人的需求擺在第一位。導致她人際界線不清楚、過度依賴他人的認可，長期承受莫名罪惡感和自我壓抑。於是，她在人際關係、親密關係、職業發展，不斷重演這個模式，無法擺脫。

要打破這種模式，向葵需要直接面對她內心的痛苦和創傷。將重心從對外轉為向內，正視自己的需求，而非外界的回報或肯定。

最該討好的人，是自己。

如果你和向葵一樣

停止過度討好，才能有真正的人生。要改變自己，不妨來做這些練習：

#停止說「對不起」、「不好意思」、「抱歉」，除非你真的錯了

道歉的本意是意識到自己的錯誤造成對方的困擾、損失、傷害，為此感到後悔並希望改進。但是如果為無關緊要的事情道歉，當事人根本不覺得受到影響，或覺得這件事和道歉者沒有關聯，卻一再聽到抱歉，反而會覺得困擾、煩躁和困惑。

刻意練習，停止反射性地將「對不起」、「不好意思」、「抱歉」這些句子掛在口中。

#覺察並意識自己正在討好

要調整行為之前，要先知道自己在做什麼。一開始，可以從每日自我覺察開始，每天選擇一個發生的事件想一想，運用以下提問句檢視自己：

「我正在做什麼？」

「我現在有什麼感覺？」

「我想要什麼？」

確認你的回答是否有將自己放在第一順位。也就是：這件事情是為自己而做的嗎？如果是為自己而做，為的是什麼？如果不是為自己而做，又是為什麼要做？

一開始你可能不知道這是什麼感覺，可以參考附錄的「自我練習手冊III：情緒詞彙集」（三一一頁），憑直覺將可能的感覺圈起來。

做這件事情想要達到什麼目的？目的可能是多重的，也請憑直覺記下來。譬如，接外包案是為了賺錢，賺錢是為了想買車子，買車子是為了想載狗出去玩。

這個練習的目的是將目光移回自己身上，開始照顧自己，才能牢牢守護不想失去的一切。

 # 練習說「不」

學會說「不」是劃清人際界線的重要一步。拒絕他人不一定是壞事，不一定會產生衝突。放下拒絕別人時的內疚感，學習擁有被討厭的勇氣，接受「有人喜歡你，就有人討厭你」的事實。

設定一個練習說「不」的行動計畫，幫助釐清楚自己的界線。

如果你是向葵身邊的人

有時你可能會覺得他們莫名其妙，愛做又愛鬧彆扭，有話不說清楚。

如果你是向葵的伴侶：

你常會感受到無形壓力，甚至覺得自己無用武之地。在剛交往時覺得對方很體貼，後來覺得他們做太多而變成干擾，或覺得有心理負擔。但是這並不是他們的本意，他們只是想透過付出來表達愛。

他們很怕犯錯、很怕你不滿意，更擔心被你討厭。

對於這樣的另一半，需要大量肯定他們，並且明確表達什麼是你「不需要」、「不想要」的。把「**不**」說清楚，這樣他們才不會因為過度揣測，為讓你滿意而做過頭。這樣做，同時也是在為他們示範，如何向人說「不」。

如果你是向葵的主管：

遇到向葵這樣的下屬，要珍惜這樣的好員工。他們的忠誠度與投入意願可是數一數二。在指揮上，你的指令要明確、清楚，並講明優先順序，不要讓他們顧慮，因為做得太多而導致個人的耗竭。

如果你是向葵的下屬：

如果你的主管有向葵這樣的特質，不妨安心向他們求助吧！他們不僅有問必答，還會比你設想得更多。但千萬要留意，要適時地向他們表示協助已經夠了，避免他們做太多，反而會變成你的負擔。當然，一定要記得大大地感謝他們。

⊙**情感關鍵字：**

抑鬱、委屈、孤單、無力感

⊙**行動關鍵詞：**

減少過度準備、減少顧全大局、提高自我保護意識自我練習手冊I：

自我覺察練習

透過自我覺察練習，進一步知道自己的想法、感受、需要、期待等，清晰的洞見能幫助我們降低慣性反應，減少無謂的內耗，做出真正符合自己的決定。

透過情緒、想法、行為、身體等途徑，都是進一步接觸深層內在的好途徑，請自由選擇比較有感覺的項目著手進行。

現在就開始！

當然，如果想要同時透過多方管道練習也很好。關鍵是反覆練習操作，直到覺得熟悉，才能有所收穫。

◦情緒覺察練習

情緒覺察練習，請按照順序依逐步練習：

步驟一：辨識情緒

找一個沒有人打擾的地方，停下來感覺：

「我怎麼了……」

「我覺得……」

「我感受到……」

人的情緒是複雜的，感覺到不同情緒同時存在更是正常的。如果無法確實描述出感覺，從「我的腦袋一團亂」開始，也不失為一個好辦法。

而這「一團」中包含了哪些感覺呢？參考「自我練習手冊III：情緒詞彙集」（三一一頁）。快速瀏覽一下，看看哪些詞彙讓你特別有感覺，或是停留的時間比較長。例如看到嫉妒、生氣、難受，覺得有感覺，就把該詞彙圈起來。接下來，將這些圈起來的詞彙謄寫出來，放在一起多看一眼，再感覺一下目前你感受到的是不是這種情緒，程度是強烈一點？還是弱一些呢？如果都不是，就回頭到情緒詞彙集找到和自己感受比較貼近的詞彙。

步驟二：經驗情緒

將感覺說出來。不適合說出口的時候，寫下來也可以喔！例如：「我現在很肚爛。」、「我覺得好哀傷。」、「目前我有點難過。」

給自己一些時間，即使只有一分鐘也可以。將注意力集中在胸口。認真停留在那感覺裡，認真來悲傷、認真來嫉妒、認真來害怕……如果有想流淚的感覺，就讓眼淚流下；如果想要捶牆壁，先去捶枕頭。

好好讓自己浸泡在感覺裡，讓感受流動。

步驟三：探索感受的來源

情緒流動告一段落之後，回到理性思考，探索感受的源頭。想一想：

「我爲什麼會有這樣的感覺？」

「這個感受背後是出於什麼原因？」

找出事件觸發的特定情緒反應並記錄下來，再思考一下上次出現類似情緒時是在什麼樣的情境下。藉由這樣的探索並進一步分析，可以綜合整理出自己特定的情緒源。

這個步驟，讓人從情感面回到理智面，釋放的情緒得以收斂，避免長時間沉浸在負面情緒裡。探索與分析的過程如觸發不同的情緒產生，則再回到步驟一「辨識情緒」。

步驟四：感謝情緒，接受自己

對自己說聲：「謝謝！」

對過程之中出現的各種情緒逐一說聲：「謝謝！」

接受自己有這樣的情緒，更要謝謝自己做這個練習。

◦想法覺察練習

人的大腦異常忙碌，一天閃過的念頭數量可以從六千個到六萬個。而且想法會牽動行為、產生情緒，因此可說一生幸福與否，都取決於想法。

比起正面資訊，人類更加重視負面資訊。不被少數的負面想法綁架、調整錯誤的思考慣性，才能活得自在輕鬆。

想法覺察練習能幫助你觀察自己的認知慣性、辨別和改變扭曲的思考模式，然後再加以改變。

步驟一：檢視自己的想法、觀察自己的念頭

每天花十五分鐘，記錄自己的想法和感受，特別要注意情緒的觸發點。例如：

想到今天被主管退回計畫案，主管的語氣不悅，可能是對自己有意見，我覺得很委屈，萌生不如辭職算了的想法。

步驟二：尋找想法模式

每周定期回看紀錄，注意是否有重複出現的事件、心情、行為等。從中尋找自己的想法模式，例如：總是在事情還沒有發生前，就因為覺得結果不妙而擔心。

步驟三：檢視想法的合理性／客觀性

注意自己的想法是否有「非黑即白」的傾向，例如不是好人就是壞蛋；或是出現「過度概括、以偏概全」的情形，例如辦公室有個打混的資深員工，就認為資深員工都很混；也要留意自己的「災難化思考」，例如主管對自己語氣不佳，就認為會影響考績，自己一定會被裁員。列出自己的想法，並扮演律師為自己辯論一下。試著站在反對的一方，提出證據來推翻。

步驟四：建立多元思考，練習積極思考的習慣

改變自我否定的習慣，練習專注於生活的積極面，每天記錄三件覺得值得肯定自己的事情，增加自我肯定，培養積極思考的習慣。

。行為覺察練習

人的行為反應常淪為自動化，讓自已受苦而不自知。有系統地觀察自己，能幫助自己避開錯誤，將自己修訂成最佳版本

步驟一：記錄事件

每天花十五分鐘回想當天發生的重要事件，將特別有印象的點記錄下來。

步驟二：尋找行為模式

每周定期回顧紀錄，注意是否有重複出現的行為。例如：「總是在聚會時主動

買單」、「被人超車就猛罵髒話」、「看到東西打折就想買」，然後又懊惱不已。

步驟三：分析行為模式的動機

思考一下自己這樣做，背後是不是有什麼原因。例如：聚會時主動買單，是擔心別人瞧不起自己；看到打折的東西就想買，是有經濟匱乏的恐懼。

步驟四：分析行為模式的影響

練習探究這樣的行為模式，對自己的影響是什麼？例如：總是在聚會時買單，造成收支不平衡；看到打折東西就想買，想要省錢結果花更多錢。

「情緒覺察」、「想法覺察」、「行為覺察」可分開練習，根據個人目標、需求，例如飲食習慣、人際關係等議題，透過綜合觀察來改進與調整。

綜合覺察表（範例）

日期：________年________月________日

發生什麼事情？（描述事件與當下的情境）	我做了什麼？（實際記錄當時的行為）	當時我有什麼感覺（描述當時的情緒）	現在我有什麼感覺？（描述當時的情緒）	當時我有什麼想法？（描述當時腦海中出現的想法）	結果如何？（描述事件後續及自己行為造成的後果）	我下次可以怎麼做比較好？（如果有類似情況發生，怎麼做會更好）
例如：朋友約聚餐自己付了大額帳單	例如：我會主動買單，沒有要朋友分攤	例如：覺得不好意思	例如：現在覺得很懊惱	例如：不主動買單，會被大家看不起	例如：收支不平衡，影響到該月的支出	例如：提議改為大家平分聚餐的費用

＿＿＿＿＿＿＿＿ 綜合覺察表

日期：＿＿＿＿年＿＿＿＿月＿＿＿＿日

發生什麼事情？（描述事件與當下的情境）	我做了什麼？（實際記錄當時的行為）	我有什麼感覺（描述當時的情緒或身體感受）	我有什麼想法？（描述當時腦海中出現的想法）	結果如何？（描述事件後續及自己行為造成的後果）	我下次可以怎麼做比較好？（如果有類似情況發生，怎麼做會更好）

◦深度身體覺察練習

身體蘊藏著人的一切，只要願意傾聽，身體能給出超乎預期的答案。

在日常生活中，觀察自己的身體反應。不妨利用前面練習的綜合觀察表，記錄自己的身體反應，例如心跳加快、胃部緊縮、肌肉緊繃等。透過這些紀錄，觀察身體與情緒的連結。

以下介紹深度身體覺察練習，請依照下列步驟進行：

步驟一：身體自然放鬆

找一個安靜的地方，讓身體自然放鬆，或站、或坐、或躺都可以，只要自己覺得方便舒服即可。

步驟二：用意念掃描身體

做三次深呼吸。呼氣時速度請盡量放慢，緩緩吐出。眼睛可半閉或全閉。在腦中如掃描器一般，從頭頂往腳底掃描，接著再從腳底往頭頂掃描一次。注意一下自己在掃描時特別留意身體的哪個部位，或是特別有感覺，例如覺得卡卡的、麻麻的等。此時在該部位特別停留三秒鐘。

步驟三：聽身體說話

用雙手輕輕覆蓋在感受特別明顯的部位，細心體會當下的感覺。是覺得酸酸的？微微痛？還是很沉重？同時也要留意自己的情緒變化，例如覺得委屈？感覺無奈？還是有點哀傷？如果有想哭的感覺，就讓眼淚流下來。

步驟四：回應身體

輕輕地撫觸這些有感覺的部位，時間持續三到六分鐘，同時在心裡謝謝它為你承受這麼多（如果能夠說出口更好）。在日常生活中，也要特別留意這些部位，適時給予回應。

運用這個表格，圈出自己有感覺的部位，並寫上日期，作為身體覺察的練習資料。

深度身體覺察練習

日期：________年________月________日

身體觀察（圈出自己有感覺的部位）

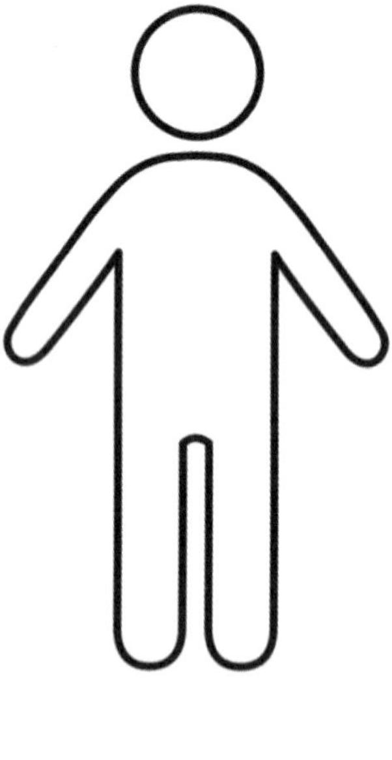

這部位的感受是什麼？

自我練習手冊Ⅱ：改善情緒性拖延症

造成拖延的原因錯綜複雜，其中最頑固的便是情緒性拖延。

「我知道所有提升效率的方法，但我就是動不了。」情緒性拖延者因為內心深處的情緒作祟，明知應該開始，但遲遲無法行動，並因此感到焦慮和不安，無法專心投入於眼前的工作。

需要深入了解情緒為何內耗，才能從根本改善症狀。

◦六個步驟，深度修正情緒性拖延

步驟一：釐清現況

先釐清現在的狀況，逐項回答：

「現在的進度爲何？」

「拖延狀況到了什麼程度？」

「發生了什麼事情，導致我出現拖延症狀？」

步驟二：覺察情緒

辨識當下的情緒、了解自己的狀態。對於這件事情，我有什麼樣的心情？例如此刻出現的情緒是憤怒嗎？還是無力？或是沮喪？為什麼會出現這些情緒？有沒有會引發這些情緒的特定對象？（如想進一步瞭解覺察情緒的方法，可以參閱附錄的「自我練習手冊I：自我覺察練習」中的情緒覺察方法〔二九四頁〕）

步驟三：探索原因

找出導致自己產生這些情緒的深層原因，例如，認為處置不公平而生氣，或是對環境不滿而憤怒等。思考：「我對這件事情有什麼顧慮嗎？」

步驟四：抒發情緒

為情緒找到抒發的管道，例如：找值得信賴的人聊一聊、書寫日記，或透過圖畫記錄心情，甚至是運動到筋疲力竭等。

步驟五：跳過負面思維

直接略過負面想法，例如：反正不會有人在乎我、我一定無法完成。先用強制關機的方式，忽略這些內耗的思緒。

步驟六：展開微行動，逐步完成目標

我可以採取哪些行動來改變這種情況？設定一個最小目標，例如：若要完成論文，先要求自己只要把電腦打開並輸入一個字就好。從最微小的行動開始，再逐步完成目標。

自我練習手冊Ⅲ：情緒詞彙集

人類有生氣（anger）、噁心（disgust）、害怕（fear）、悲傷（sadness）、驚訝（surprise）、開心（hapiness）這六大基本情緒。然後這些情緒又會相互混合，產生出複雜的情緒。所以當你覺得：「我不知道怎麼形容自己現在的心情……」、「我的心情很複雜……」請不要覺得孤單，這是很常見的情形。不妨透過情緒詞彙集的提示，幫助你辨識自己的情緒，提取那些呼之欲出感覺。

如果表格中沒有可對應到你的感受的字眼，也請你試著描述、擴充它，打造成你個人專屬的情緒詞彙集。

你有什麼感受呢？

生氣	噁心	害怕	悲傷
刺激　煩躁　不滿　惱怒　煩惱　動怒　發火　不悅　惱火　心煩 氣憤　怒氣　怒意　氣惱　暴怒　惱羞　憤怒　激怒　憤慨　憤恨 狂怒　怒不可遏　怒火中燒　怒目而視　勃然大怒 其他：（　　）	噁心　反胃　排斥　嫌惡　厭棄　厭惡　厭煩　不屑　鄙視　作嘔 微感不適　輕微厭煩　反感不滿　煩躁不悅　反感　作嘔 其他：（　　）	不安　緊張　焦慮　擔心　煩惱　憂慮　警覺　恐懼　擔憂　恐慌 害怕　驚慌　焦急　驚恐　膽怯　恐怖　嚇到　驚嚇　驚駭　焦慮 戰戰兢兢　極端恐懼　恐慌不已 其他：（　　）	失落　失望　沮喪　憂鬱　憂愁　懊惱　悶悶不樂　心煩意亂 憂傷　愁眉不展　難過　淒涼　惆悵　心酸　痛心　傷心　心碎 淚流滿面　絕望　感到悲慘　悲傷　悲痛欲絕　孤獨　心痛　悲哀 哀傷　哀悼　悲淒　失魂　落魄 其他：（　　）

你有什麼感受呢？

驚訝	開心	嫉妒	羨慕
微感意外　驚訝　驚奇　驚嘆　驚喜　詫異　驚異　驚愕 大吃一驚　驚奇不已　驚詫　驚駭　驚悚　驚惶失措　不可思議 目瞪口呆　瞠目結舌　呆若木雞 其他：（　　）	微感愉快　興致勃勃　滿意　輕鬆開朗　愜意　滿足　喜悅 愉悅　高興　歡喜　喜歡　樂開懷　樂觀　喜滋滋　歡欣　歡樂 欣喜　歡愉　歡快　欣慰　幸福　喜出望外　歡呼雀躍　喜極而泣 興高采烈　欣喜若狂　喜氣洋洋　喜形於色　樂不可支 其他：（　　）	羨慕　嫉妒　妬意　眼紅　嫌棄　醋意　妒心　怨恨　憤恨　怨毒 恨意　憎恨　仇視　厭惡　痛恨　惡意 其他：（　　）	欣賞　驚歎　敬佩　讚嘆　羨慕　欽佩　渴望　想要　嚮往　心儀 愛慕　艷羨 其他：（　　）

你有什麼感受呢？

羞愧	孤單	困惑	挫折	沮喪
羞怯 害羞 慚愧 害臊 不好意思 羞愧 羞憤 難為情 自卑 羞赧 恥辱 自慚 自責 羞恥 內疚 恨不得找個地洞鑽 無地自容 其他：（　　）	獨居 單獨 孤身 孤單 孤獨 寂寞 落單 清冷 孤寂 寂寥 孤苦 孤寂無依 落寞 孤立無援 孤苦伶仃 無依無靠 冷清 其他：（　　）	迷惑 疑惑 疑問 困惑 不解 納悶 無法理解 迷茫 弄不清楚 茫然 不知所措 感到困擾 百思不解 感到矛盾 不懂 錯亂 無法釐清 頭昏腦脹 精神恍惚 其他：（　　）	失望 不滿憤憤 不平 失落 輕微不快 挫折感 沮喪 惆悵 心灰意冷 無力 挫折 絕望 心煩意亂 痛苦 感到挫敗 氣餒 身心俱疲 萬念俱灰 精神崩潰 其他：（　　）	低落 心情不好 悶悶不樂 不快 失望 沮喪 憂鬱不安 煩悶 失意 痛苦 心灰意冷 絕望 憂傷 萬念俱灰 抑鬱 毫無希望 悲傷 其他：（　　）

你有什麼感受呢？

掙扎	委屈	無助	驕傲	鄙視
掙扎 猶豫 矛盾 糾結 感到困難 費力 苦苦支撐 努力克服 持續困擾 竭盡全力 苦苦掙扎 掙扎求生 忍受痛苦 激烈抗爭 無力反抗 生死攸關 絕望 痛苦呻吟 其他：（ ）	小小不滿 稍有不悅 微微不爽 委屈 憤懣 不甘心 心理不舒服 感到受傷 憤怒 惱火 心痛 覺得不公 無法接受 痛哭 感到被辜負 其他：（ ）	無奈 略感不安 困惑 無助 孤立無援 迷茫 孤獨 渺茫 深感無助 無能為力 求助無門 絕望 無計可施 瀕臨崩潰 無法自拔 走投無路 極度孤單 萬念俱灰 其他：（ ）	自豪 高興 滿意 欣慰 驚喜 喜悅 歡欣 快樂 欣喜 振奮 激動 欣然 興奮 激昂 榮耀 自滿 光榮 威風 其他：（ ）	不屑 輕視 看不起 鄙夷 蔑視 厭惡 嘲笑 輕蔑 取笑 鄙棄 不屑 鄙視 其他：（ ）

國家圖書館出版品預行編目 (CIP) 資料

以愛為名的童年俘虜 : 不要再說都是他們的錯 , 現在是你的人生要過 / 林靜君著 . -- 初版 . -- 臺北市 : 今周刊出版社股份有限公司, 2025.03
320 面 ;14.8X21 公分 . -- (社會心理 ; 44)
ISBN 978-626-7589-20-5(平裝)

1.CST: 心理諮商 2.CST: 心理創傷 3.CST: 人際關係 4.CST: 個案研究

178.4 114001661

社會心理 44

以愛為名的童年俘虜：

不要再說都是他們的錯，現在是你的人生要過

作　　者　林靜君
總 編 輯　李珮綺
資深主編　李志威
特約主編　蔡緯蓉
封面設計　謝佳穎
內文排版　陳姿伃
校　　對　李志威

企畫副理　朱安棋
行銷企畫　江品潔
業務專員　孫唯瑄
印　　務　詹夏深

發 行 人　梁永煌
出 版 者　今周刊出版社股份有限公司
地　　址　台北市中山區南京東路一段 96 號 8 樓
電　　話　886-2-2581-6196
傳　　真　886-2-2531-6438
讀者專線　886-2-2581-6196 轉 1
劃撥帳號　19865054
戶　　名　今周刊出版社股份有限公司
網　　址　http://www.businesstoday.com.tw

總 經 銷　大和書報股份有限公司
製版印刷　緯峰印刷股份有限公司
初版一刷　2025 年 3 月
定　　價　380 元

Psychology

Psychology